Você pode curar seu coração

**Louise L. Hay
e David Kessler**

Você pode curar seu coração

Tradução
Doralice Lima

7ª edição

Rio de Janeiro | 2022

CIP-BRASIL. CATALOGAÇÃO NA FONTE
SINDICATO NACIONAL DOS EDITORES DE LIVROS, RJ.

K328v
7ª ed

Hay, Louise L.,
    Você pode curar seu coração: como encontrar paz após uma grande perda / Louise L. Hay, David Kessler; tradução de Doralice Lima. – 7ª ed. – Rio de Janeiro : BestSeller, 2022.
    208 p. ; 21 cm.

    Tradução de: You Can Heal Your Heart
    ISBN 978-85-7684-990-2

    1. Perdas (Psicologia). 2. Luto. 3. Autoestima. 4. Emoções – Aspectos psicológicos. I. Kessler, David. II. Título.

16-32339

CDD: 155.93
CDU: 159.942

Texto revisado segundo o novo Acordo Ortográfico da Língua Portuguesa.

Título original
YOU CAN HEAL YOUR HEART
Copyright © 2014 by Louise L. Hay and David Kessler
Copyright da tradução © 2016 by Editora Best Seller Ltda.

Publicado primeiramente em 2014 por Hay House Inc. USA

Sintonize na estação de rádio da Hay House em: www.hayhouseradio.com

Capa: Marianne Lépine
Editoração eletrônica: Abreu's System

Todos os direitos reservados. Proibida a reprodução,
no todo ou em parte, sem autorização prévia por escrito da editora,
sejam quais forem os meios empregados.

Direitos exclusivos de publicação em língua portuguesa para o Brasil
adquiridos pela
EDITORA BEST SELLER LTDA.
Rua Argentina, 171, parte, São Cristóvão
Rio de Janeiro, RJ – 20921-380,
que se reserva a propriedade literária desta tradução

Impresso no Brasil

ISBN 978-85-7684-990-2

Seja um leitor preferencial Record.
Cadastre-se e receba informações sobre nossos lançamentos e nossas promoções.

Atendimento e venda direta ao leitor
sac@record.com.br

Sumário

Nota dos autores — 7

Prefácio — 9

Introdução — 15

1 Mudando o que pensamos sobre perdas — 23
2 Retrocessos e progressos nos relacionamentos — 41
3 Um divórcio diferente — 93
4 A morte de alguém que amamos — 125
5 A perda de um animal de estimação — 161
6 Outros amores, outras perdas — 173
7 Você *pode* curar seu coração — 191

Epílogo — 203

Agradecimentos — 205

Nota dos autores

Escrevemos este livro para examinar nosso processo de lástima e para encontrar a cura do sofrimento após qualquer tipo de perda, como uma separação, um divórcio ou a morte de um ente querido. O luto é difícil, mas o sofrimento e a dor que sentimos costumam ser agravados por nossos próprios pensamentos. Esperamos que nosso livro expanda sua percepção e seus conceitos sobre a perda, para incluir neles o amor e a compreensão. Queremos que você possa sentir plenamente sua perda sem se tornar refém da tristeza e do sofrimento.

O luto não é um problema que peça tratamento, mas sim uma parte natural da vida. O espírito não conhece a perda. Ele sabe que toda história tem um começo e um fim, mas o amor é eterno. Esperamos que as palavras contidas nestas páginas tragam consolação e paz para sua jornada. Contudo, nenhum livro deve ser usado como substituto da ajuda profissional, quando ela for necessária. Nós lhe desejamos muito amor e saúde.

— Louise e David

Prefácio

Por David Kessler

Dediquei a maior parte da minha vida a trabalhar com o sofrimento. Tive a sorte de escrever quatro livros sobre o assunto, inclusive dois com a lendária Elizabeth Kübler-Ross, renomada psiquiatra e autora do revolucionário livro *Sobre a morte e o morrer*. Em minhas palestras, constantemente me perguntam se o meu trabalho com sofrimento e luto também pode se aplicar a divórcio. Mesmo em festas, pessoas recém-separadas me abordam e perguntam: "Você pode me ajudar? Acabei de me separar e soube que você é especialista em luto e perda."

Isso sempre me faz lembrar que meu trabalho trata do término de relacionamentos e casamentos tanto quanto do fim da vida. A verdade é que perda é perda e luto é luto, independente da situação ou da sua causa. Já perdi a conta de quantas vezes ouvi pessoas se culpando demais após uma separação, e muitas vezes penso em minha amiga Louise Hay, autora do best-seller internacional *Você pode curar sua vida*, que nos adverte constantemente: "Preste atenção aos seus pensamentos!"

* * *

No lançamento de meu livro mais recente, *Visions, Trips, and Crowded Rooms*, fui convidado a fazer uma palestra em um congresso da Hay House. Embora esse livro tenha sido publicado pela editora de Louise, eu não a encontrava havia muitos anos e estava ansioso para passar algum tempo com ela. Combinamos de almoçar juntos depois da minha palestra.

Alguns minutos depois de começar a falar, percebi uma agitação na plateia e vi que as pessoas se entreolhavam e cochichavam. Não fazia ideia do que estava acontecendo, portanto continuei a falar. Mas então, me dei conta: Louise tinha entrado na sala e se sentado. Apesar de seus esforços para ser discreta, ela simplesmente carrega consigo essa força magnética.

No almoço, trocamos notícias sobre amigos em comum e as novidades. Então ela disse: "David, estive pensando, quero que você esteja junto de mim quando eu morrer."

Imediatamente, respondi: "Seria uma honra." Como sou especialista em morte e luto, não é incomum que me façam esse pedido. A maioria das pessoas não quer morrer só; elas querem que sua vida e sua morte sejam testemunhadas por alguém que veja com naturalidade o final da vida. Por isso, o celebrado ator Anthony Perkins pediu que eu lhe fizesse companhia em sua morte. A escritora best-seller Marianne Williamson pediu que eu ficasse ao lado dela quando seu pai estava morrendo. E eu estava presente quando minha mentora, Elizabeth Kübler-Ross, deu seu último suspiro.

Perguntei: "Você está com algum problema? Alguma questão de saúde que eu deva saber?"

"Não", respondeu ela. "Tenho 82 anos e sou saudável para a minha idade, além de ter vivido intensamente. Só quero ter certeza de que, quando acontecer, também viverei plenamente minha morte."

Essa é a Louise.

Durante o congresso, ela havia programado a exibição de um documentário chamado *Doors Opening*, que conta a história de seus famosos encontros, Hayrides, reuniões que ela promovia nos anos 1980, nas quartas-feiras à noite, para pessoas com Aids e seus familiares. Foi nessa ocasião que meu mundo e o de Louise Hay se cruzaram pela primeira vez. Nas raras ocasiões em que ela não podia comparecer a um encontro, eu a substituía. Que experiência, aquela!

Imagine uma reunião com cerca de 350 pessoas, a maioria homens com Aids. Aqueles eram os primeiros tempos da epidemia, antes que houvesse qualquer tipo de tratamento. Em grande parte dos casos, essas pessoas estavam lidando com uma catástrofe existencial. E lá estava Louise, sentada entre elas, vendo a situação mais como uma oportunidade de mudança do que como uma desgraça. Durante os encontros, ela levava para o ambiente uma energia de cura. Ao mesmo tempo, deixava muito claro que aquilo não era uma sessão de caridade — não havia espaço para se fazer de vítima. Pelo contrário, as reuniões eram uma oportunidade de realizar uma cura mais profunda, uma cura da alma.

Minha mente transbordou de lembranças ao relembrar aquelas noites inspiradoras e mágicas. Naquele momento, mais de 25 anos depois, Louise e eu estávamos novamente juntos, refletindo sobre aqueles dias e sobre o grande impacto que eles exerceram em nossas vidas. Quando começou a projeção do documentário após uma rápida apresentação, Louise pegou em minha mão e descemos o corredor. Queríamos conversar, trocar mais ideias e voltar quando o filme tivesse terminado para responder às perguntas da plateia. Estávamos na metade do caminho para a porta quando ela parou.

"Veja", disse Louise, "é o Tom na tela." Tom fora um dos participantes dos encontros Hayride que tinha morrido havia muito tempo.

"Todos tão jovens!", comentei.

"Vamos nos sentar um pouco", sussurrou ela, e me levou para a última fileira do auditório.

Assistimos ao documentário inteiro. Ao final, nos levantamos, nos recompomos e subimos ao palco para a sessão de perguntas: "O que é doença?"; "Se os pensamentos podem curar, por que tomamos remédios?"; "Por que morremos?"; "O que é a morte?"

Cada resposta de Louise trazia mais compreensão e informação sobre doenças. Ela também me convidava a apresentar minhas ideias, como se estivéssemos jogando tênis e ela fizesse um voleio. Os dez minutos previstos para as perguntas e respostas viraram 45 e provavelmente poderiam ter continuado por mais algumas horas. Justamente quando achei que a atividade estava encerrada, Louise anunciou publicamente, com orgulho: "Ah, sim, tomei as providências para que David Kessler esteja a meu lado quando eu morrer." O público aplaudiu. O que eu julgara ser um pedido confidencial, Louise estava revelando ao mundo. Esse foi só um exemplo do poder, da honestidade e da franqueza dessa mulher.

Naquela noite, Reid Tracy, presidente e CEO da Hay House, me disse: "Eu e Louise estávamos conversando sobre vocês dois fazerem algo juntos. Vocês têm muita história em comum e muito conhecimento para compartilhar. Achamos que vocês deveriam escrever um livro." Era incrível imaginar as revelações que Louise Hay poderia fazer sobre a cura para alguns dos maiores desafios da vida, fosse aceitar o fim de um relacionamento após um divórcio ou uma separação, enfrentar a morte de uma pessoa amada ou suportar tantas outras formas de perda, como de um animal de estimação ou mesmo de um emprego que se ama. As sábias palavras de Louise, "Preste atenção aos seus pensamentos", mais uma vez me vieram à mente. E se escrevêssemos juntos um livro que associasse a minha longa experiência ajudando pessoas a lidar com a perda e a dor ao conhecimento de Louise e suas afirmações de que nosso pensamento pode curar?

Pensei em quanta gente um livro desses poderia ajudar. Também pensei em como seria trabalhar em estreita colaboração com Louise em uma questão de tanta importância. O fato é que nosso trabalho em dupla para criar este livro foi tão harmonioso quanto a sessão de perguntas e respostas do congresso — somamos os insights que adquirimos ao longo dos anos e também completamos as ideias um do outro sobre vários assuntos.*

E foi assim que começou nossa jornada juntos.

---

* Embora neste prefácio e no Capítulo 1 a descrição do início de nosso processo de criação conjunta e de nossas conversas iniciais seja minha, a voz que narra o restante do livro é tanto minha quanto de Louise.

Introdução

Um coração partido também é um coração aberto. Sejam quais forem as circunstâncias, quando nossa vida com alguém que amamos chega ao fim, é natural sentir dor. O luto pela perda de uma pessoa amada faz parte da jornada existencial, mas o sofrimento não é inevitável. Apesar de ser natural esquecermos nosso poder quando perdemos alguém, o fato é que depois de uma separação, de um divórcio ou de uma morte, ainda nos resta a capacidade de criar uma nova realidade.

Vamos deixar claro: não estamos lhe pedindo para sufocar o sofrimento depois de sofrer uma perda, mas para mudar sua atitude e seguir adiante, apesar do sofrimento. Queremos seus pensamentos num lugar em que a pessoa querida só seja lembrada com amor — sem tristeza ou pesar. Com o tempo isso é possível, mesmo depois da separação mais difícil, do divórcio mais contencioso ou da morte mais trágica. Isso não significa negar a dor ou fugir dela. Pelo contrário, se trata de experimentá-la e depois deixar surgir uma nova vida que promova o amor, em vez da tristeza.

Aqui começa nosso verdadeiro trabalho. Neste livro estaremos concentrados em três áreas principais:

1. Experimentar os sentimentos

Se você está lendo este livro, provavelmente está sofrendo, e não é nossa intenção privá-lo disso. No entanto, esse momento pode ser da maior importância, não apenas para curar sua dor. Se experimentar seus sentimentos plenamente, você também poderá começar a liberá-los. Um dos maiores problemas é você tentar suprimir ou negar seus sentimentos, julgá-los errados, fracos ou intensos demais. Você guarda muitas emoções reprimidas, sendo a raiva uma das mais contidas. Para curar as emoções, no entanto, é preciso liberá-las.

Não estamos falando apenas da raiva associada à morte, mas de qualquer sentimento de raiva. Elisabeth Kübler-Ross, a renomada especialista que identificou as Cinco Fases do Luto, afirmou que podemos sentir raiva, deixá-la nos atravessar e ficar livres dela em alguns minutos. Ela foi mais além: classificou como raiva antiga qualquer raiva que dure mais de 15 minutos.

Naturalmente, a raiva é apenas uma das emoções que surgem. Quando um relacionamento termina, quando ocorre o divórcio ou uma morte, somos tomados por muitos sentimentos. Senti-los de fato é o primeiro passo para a cura.

2. Deixar as velhas feridas aflorarem para curá-las

A perda também permite que você enxergue velhas feridas. Queira você ou não, essas mágoas irão aflorar. É possível que você não perceba algumas delas. Por exemplo, em uma separação, talvez você pense: "Sabia que ele não ia ficar." Em um divórcio, talvez você acredite que "não merece o amor". Quando morre uma pessoa amada, podemos pensar: "Desgraças sempre acontecem comigo." Esses são pensamentos negativos que vão muito além da perda daquele momento.

Com certeza é bom aproveitar os momentos de luto para refletir com ternura sobre o passado — mas continuar a revivê-lo é doloroso e improdutivo. E isso é o que costuma acontecer quando olhamos para trás sem a intenção de curar as velhas feridas.

De onde vêm esses pensamentos negativos? A resposta é que eles nasceram no passado e não foram curados com amor. Juntos, vamos lançar luz sobre as velhas feridas e os processos negativos de pensamento e começar a curá-los com amor e compaixão.

3. Mudar os pensamentos equivocados sobre relacionamentos, amor e vida

Quando estamos de luto por uma perda, pensamos nela à nossa maneira habitual, a qual, na melhor das hipóteses, costuma ser distorcida. O que queremos dizer com isso? O pensamento é distorcido quando é influenciado por traumas da infância e moldado por dores de relacionamentos passados. O pensamento distorcido quase sempre é moldado por pais ou outras pessoas em sua vida, que fizeram o melhor que podiam, mas que também traziam distorções de suas próprias infâncias. Tudo isso se junta para formar o monólogo de sua mente em que você remói sem cessar os velhos pensamentos. Então essa velha mentalidade, esse monólogo pessimista, contamina a perda de hoje.

Por essa razão nós, seres humanos, tantas vezes nos tratamos sem amor e ternura depois que perdemos alguém muito amado. Nós nos culpamos, mergulhamos na autodepreciação e sentimos até mesmo merecer a dor por que estamos passando. Como romper esse ciclo? Continue a ler este livro para aprender como as afirmações positivas são importantes e têm poder sobre os pensamentos distorcidos.

O poder das afirmações para curar o luto

As afirmações são expressões que reforçam uma crença positiva ou negativa. Queremos conscientizá-lo de afirmações negativas que talvez você use e trazer delicadamente para sua vida afirmações novas e positivas. Quando pensamos, estamos constantemente afirmando alguma coisa. Infelizmente, quando o pensamento é distorcido, geralmente repetimos afirmações negativas.

Vamos apresentar amorosamente afirmações positivas ao seu sofrimento e à sua vida. Em um primeiro momento, talvez elas soem falsas. Continue a usá-las mesmo assim. Se você estiver com medo de estarmos tentando anular ou diminuir seu sofrimento, saiba que isso não é verdade. Sua dor lhe pertence, mas as afirmações positivas podem dissolver o sofrimento e curar feridas antigas e padrões de pensamentos negativos. As afirmações negativas são falsas, mas não achamos difícil mantê-las. Muita gente repete afirmações negativas sem perceber, se referindo a si mesmas com extrema crueldade quando estão sofrendo. Uma das principais metas que desejamos alcançar neste livro é encontrar uma maneira de mudar para sempre esses recorrentes pensamentos negativos.

Quando estiver lendo as afirmações positivas dos próximos capítulos, não deixe de ajustá-las à sua própria situação. Aplique-as a seus padrões de pensamento — suas crenças, sua visão de mundo —, utilizando-as para desfazer seus pensamentos negativos e limitados. Algumas afirmações podem sanar velhas feridas do passado e ajudá-lo a tratar as feridas de hoje para que você finalmente possa curar-se totalmente com amor.

A dádiva de viver após a perda

Estamos certos de que você sabe como terminar um relacionamento ou um casamento. Sabe até mesmo como encerrar uma vida. Mas você sabe como completar um relacionamento ou um casamento? Sabe como completar uma vida? Esse é outro aspecto que esperamos lhe ensinar nessa nossa jornada juntos. É possível encontrar dons inesperados na vida depois de uma perda.

Talvez esse conceito lhe pareça novo, mas a verdade é que nem todos os relacionamentos foram feitos para durar. Alguns podem durar um mês, outros, um ano ou, ainda, uma década. Você sofre quando acredita que o relacionamento de um ano deveria ter durado cinco. Sofre ao pensar que o relacionamento de dez anos deveria ter se prolongado por 25. O mesmo vale para casamentos. Você é capaz de considerar um casamento terminado em divórcio como bem-sucedido? Bem, talvez tenha sido. Pode ter sido perfeito para a experiência que você e seu cônjuge precisavam viver.

Mesmo quando a vida de alguém chega ao fim, existe um ritmo. É uma situação triste, claro, porque você queria mais tempo junto da pessoa amada — isso é natural. No entanto, só há dois requisitos para que uma vida tenha sido completa: o nascimento e a morte. É só isso. Todos nós chegamos quando o filme está no meio e saímos ainda no meio. Queremos manter a ligação com a pessoa amada que morreu; queremos manter nossas lembranças... e chega a hora em que podemos deixar a dor passar.

Vamos começar analisando nossas ideias sobre perda no Capítulo 1. O que você pensa sobre o término de um relacionamento? Como se sente em relação ao fim de um casamento? Como reage quando um ente querido morre? Ao levar você a pensar nessas questões, vamos ajudá-lo a pensar de uma nova maneira sobre perdas.

No Capítulo 2 passaremos à questão dos relacionamentos. Mesmo que você esteja lendo este livro durante um processo de separação, outros podem estar lidando com um divórcio ou uma morte. Seja qual for sua situação atual, aconselhamos a leitura deste capítulo, porque todo casamento e todo divórcio começou como um relacionamento. Toda morte também tem ligação com um relacionamento.

O Capítulo 3 examina especificamente a dor de um divórcio. Então, no Capítulo 4, vamos tratar do luto pela perda de uma pessoa amada. Assim como sugerimos a leitura do capítulo sobre relacionamentos, também aconselhamos você a ler o capítulo sobre morte, porque, de certa maneira, toda separação e todo divórcio também é uma espécie de morte.

Nos capítulos restantes, vamos dedicar algum tempo a estudar as diferentes formas de perda que experimentamos na vida, como a perda de um animal de estimação, de um emprego e de um bebê durante a gravidez, entre outras. Vamos inclusive indicar maneiras de curar os tipos de perda que não são tão evidentes à primeira vista, como o desejo frustrado por alguma coisa que nunca tivemos e nunca teremos.

As páginas a seguir contêm pensamentos novos, histórias comoventes e afirmações poderosas adequadas a situações específicas. As histórias são de situações reais vividas por pessoas de verdade que generosamente se dispuseram a compartilhar conosco os desafios e as lições de suas vidas para que pudéssemos dividi-las com você.

Nosso maior desejo é vê-lo descobrir que, não importa o desafio que estiver enfrentando, é possível *sim* curar seu coração. Você merece uma vida cheia de amor e paz. Vamos iniciar juntos esse processo de cura.

— **Louise e David**

1
MUDANDO O QUE PENSAMOS SOBRE PERDAS

Enquanto dirigia até San Diego para minha primeira reunião de trabalho com Louise, procurei elaborar as perguntas que lhe faria. Louise é famosa por dizer que "os pensamentos criam". Como aplicar esse conceito a uma situação de perda? Pensei no fim de um relacionamento. Pensei também na morte, me lembrando de uma grande amiga que estava de luto pelo falecimento súbito e inesperado do marido. Queria saber a opinião de Louise sobre isso. Afinal, ela é praticamente a mãe do Movimento Novo Pensamento.

Como pioneira na cura pela conexão mente-corpo, Louise Hay foi uma das primeiras pessoas a identificar a ligação entre doenças físicas e padrões de pensamento e questões emocionais correspondentes. Eu estava indo lhe pedir para aplicar seus conhecimentos, experiências e insights a esse crítico período da vida. Embora já tenha escrito quatro livros sobre o assunto, continuo um eterno aprendiz. Afinal, como pode alguém honestamente dizer que sabe *tudo* sobre sofrer perdas?

A própria Louise já escreveu tantos livros e tantas reflexões que eu estava muito ansioso pelo seu ponto de vista singular sobre esse importante tema. Logo depois que toquei a campainha do apartamento, lá veio Louise com seu abraço sempre carinhoso, convidando-me para entrar. Ela foi me mostrando a casa, e eu, admirando o ambiente. Imediatamente, senti que aquele lar maravilhoso, com seu mobiliário elegante e tantos objetos colecionados das inúmeras viagens de Louise aos lugares mais remotos do mundo, era digno de uma mulher de tanto renome.

Estava contemplando a vista espetacular quando ela me convidou: "Vamos conversar enquanto almoçamos? Tem um lugar ótimo aqui perto."

Momentos depois, estava caminhando pelas ruas de San Diego de braços dados com Louise Hay. Ninguém diria que durante a refeição iríamos discutir um dos temas mais árduos do mundo. Quando nos sentamos, notei as expressões alegres dos garçons ao ver minha anfitriã. "Você vai adorar a comida daqui", garantiu ela.

Depois que fizemos o pedido, peguei meu gravador. "Louise", comecei, "já escrevi tanta coisa sobre os aspectos médicos, psicológicos e emocionais da perda e do luto. Também mencionei os aspectos espirituais em todos os meus livros. Outro dia, estava em uma livraria pensando sobre nosso livro e percebi que vai ser um dos poucos a explorar com profundidade o lado espiritual do término de relacionamentos, do divórcio, da morte e de outras perdas. Sendo assim, me fale um pouco de suas ideias iniciais sobre esses aspectos espirituais."

"Nossos pensamentos criam nossas experiências", disse ela. "Não estou dizendo que a perda não aconteceu ou que a dor não é real. Quero dizer que nosso pensamento molda a experiência da perda."

Louise prosseguiu: "David, você diz que cada pessoa experimenta o luto de maneira diferente. Vamos analisar por quê."

Contei a Louise o caso de minha amiga cujo marido havia morrido subitamente de uma hemorragia cerebral. Fiquei surpreso quando ela não me perguntou sobre a natureza da perda sofrida por minha amiga. Em vez disso, pediu: "Fale sobre como sua amiga pensa. Cada um de nós sente coisas diferentes porque tem pensamentos diferentes sobre o luto. A chave da questão é a linha de pensamento dela."

Tive vontade de perguntar como é que *eu* poderia saber o que minha amiga pensava, mas então percebi a intenção de Louise. "Ah, sim, as palavras dela, suas ações e a maneira como se comporta durante o luto refletem o que ela pensa."

Louise tocou minha mão e sorriu. "Isso mesmo! Que tipo de coisas ela tem dito?"

"Vamos lá, eu a ouvi dizer, por exemplo: 'Não consigo acreditar que isso esteja acontecendo', 'Essa foi a pior coisa que já me aconteceu', 'Nunca mais vou amar alguém.'"

"Ótimo, ela está nos dando bastante informação. Vamos pegar uma declaração como 'Nunca mais vou amar alguém'. Você sabe como eu acredito na importância das afirmações. Afirmações são pensamentos positivos de autoajuda, então pense no que ela diz para si mesma de luto. *Nunca mais vou amar alguém*. Essa declaração pode criar realidade. No entanto, o mais importante é que esse pensamento não a ajuda nem diminui sua perda. A dor da perda é um fator. Nossos pensamentos ainda aumentam o sofrimento. Como está sofrendo, ela pode achar que nunca mais vai amar. Mas se ela estivesse aberta a pensar de outra maneira, a ouvir outra sugestão, poderia perceber as crenças por trás dessa afirmativa. Ela poderia pensar.

*Em minha vida já vivi um amor intenso.
O amor que sinto por meu marido mostra claramente que
esse sentimento é eterno.
Recordo meu amor por ele e meu
coração permanece cantando."*

Eu acrescentei: "Quem quiser ir fundo mais depressa ou quem sofre com uma morte que ocorreu há bastante tempo pode dizer:

*Estou pronto para amar novamente.
Estou disposto a experimentar todas as formas
de amor enquanto ainda estou vivo."*

Louise se aproximou de mim e completou: "Espero que você entenda que não devemos dizer essas coisas só quando um ente querido morre. Também podemos dizê-las quando terminamos um relacionamento ou passamos por um divórcio. Vamos ter o cuidado de examinar todas essas áreas."

* * *

Enquanto comíamos, pensei sobre o fato de algumas pessoas sempre seguirem uma linha negativa de pensamento, enquanto outras fazem de tudo para terminar bem o relacionamento e encontrar o lado positivo. Vejamos, por exemplo, o caso de Darren e Jessica. Darren achava que a religião era boa para sua família, mas essa não era sua escolha de vida. Mas então ele e Jessica descobriram a Ciência Religiosa e começaram a frequentar uma igreja local.

Darren dizia: "Os sermões eram sobre coisas triviais, como comprar uma casa, se apaixonar, se casar, administrar finanças e muito mais, nunca fazendo julgamentos morais. Só com aceitação e sabedoria. Essas conversas espirituais falavam de um amor muito mais abrangente, comparado ao que Jessica e eu tivemos na infância. Com o passar dos anos, lemos sobre o assunto, praticamos meditação e frequentamos seminários. O engraçado é que muitos anos depois percebemos a semelhança entre nosso lema, 'o carma vê tudo', e a regra de ouro de nossos pais de tratar os outros como queremos que eles nos tratem."

Depois de 22 anos do que Darren considerava um bom casamento, ele sentiu que alguma coisa havia mudado. Jessica me explicou mais tarde: "Parecia que mais da metade da vida tinha passado sem que eu tivesse explorado o suficiente. Eu senti isso primeiro. Queria sair do casamento, queria mais. Não era questão de sexo ou de ter um caso. A questão é que eu tinha assumido um compromisso para a vida toda sem entender muito bem como a vida é longa e quanta coisa se pode fazer. Eu amava Darren, mas para ele bastava ficar em casa sem fazer nada, só descansando. A vida pacata que era boa para meu marido era um tédio para mim.

"Quando eu disse que queria terminar nosso relacionamento e que queria ir embora, ele ficou furioso. Ele se sentiu traído e levou a questão para o lado pessoal, mas não era nada pessoal. Ele me acusou de ter deixado de amá-lo, mas também não era verdade. Eu ainda o amava, mas o fato é que nosso relacionamento romântico não existia mais. Eu sabia que, se ficasse, nós dois seríamos muito infelizes. Foi triste, mas tive que ir embora."

A verdade é que todos nós sempre avançamos no sentido de averiguar as feridas que precisam ser curadas. Nosso progresso pode nem sempre ser evidente ou sutil, mas o amor deixa na soleira de nossa porta tudo o que não é como ele, para ser curado. Dessa maneira, enquanto Darren ficou com o coração partido pela separação, sua mulher não sentiu medo nem sofreu, mas foi tomada por um profundo sentimento de aventura. Fazendo as malas, ela enxugou calmamente as lágrimas do rosto dele e disse: "Você acha que estou te abandonando, mas não estou. Estou me mudando, mas continuo no mesmo mundo que você. Você acha que eu não te amo, mas eu te amo e isso vai ser melhor para nós dois. No fundo sei que se é melhor para o meu futuro, deve ser melhor para o seu também."

Darren continuou magoado e ressentido: "Admite logo que não me ama mais."

Jessica respondeu: "Às vezes dizer adeus é só outra maneira de dizer te amo."

São histórias como essa que muitas vezes não são comentadas no mundo das separações. Muitas vezes fico pensando no pouco que sabemos sobre o término de relacionamentos, casamentos ou empregos. Nós simplesmente não sabemos como *completar* essas coisas, e é difícil aceitar que, embora todo relacionamento tenha início, alguns também têm fim.

Fazendo justiça ao amor

Louise e eu estávamos em uma discussão profunda sobre como lidar com o luto quando nossa comida chegou. Sorrindo, ela olhou para o prato e sentiu o aroma. Então agradeceu, o que me pareceu muito mais genuíno e sincero do que o cumprimento típico que pronunciamos por obrigação ou por hábito.

"Você foi realmente verdadeira agradecendo, não foi?", perguntei quando ela terminou de rezar.

"Sim", disse ela, "porque a vida me ama e eu amo a vida. Sou muito grata."

Tenho que admitir: à primeira vista, aquilo me pareceu um pouco exagerado. Mas então eu me lembrei com quem estava — uma pessoa que provou inúmeras vezes que as afirmações funcionam. Apenas fui pego de surpresa ao ver o uso prático dessa ferramenta na vida de Louise. Ela saboreou cada porção do almoço enquanto ia me explicando que as afirmações não servem para fingirmos que o luto não existe. "O sofrimento não desaparece se o ignoramos. O que você acha que acontece com ele?"

"Acredito que, se você não estiver preparado para experimentá-lo, ele fica em suspenso para que você lide com ele quando estiver pronto para isso", respondi. "Se não for agora, será mais tarde. Você escolhe o momento certo, e há ocasiões em que é necessário engavetar o sofrimento. Pode ser muito complicado de lidar, ou muito cedo para isso. Talvez você esteja muito ocupado criando filhos ou cuidando da carreira. Seja como for, vai chegar a hora em que o sofrimento terá sido guardado por tempo demais. Ele se tornará velho, carente de atenção, zangado e começará a afetar sua vida negativamente. Mas essa não precisa ser a sua realidade."

Louise concordou: "Todos temos o poder de criar uma realidade nova e mais positiva. Quando você muda a maneira como pensa sobre dor e perda, não para de sentir o sofrimento ou o luto. Só não fica preso a um único sentimento. Quando as pessoas relembram as perdas do passado, muitas vezes dizem se sentir felizes por terem vivido plenamente as emoções. Ficam felizes porque se permitiram chorar todas as lágrimas necessárias pelo fim do relacionamento. Ou, se uma pessoa amada morreu, mais tarde elas ficam felizes por terem honrado o sofrimento. No entanto, também já ouvi muitas pessoas que cultivaram a mágoa durante muito tempo dizerem que não precisavam ter dedicado um período tão longo ao sofrimento."

Então, conversamos sobre uma mulher de 29 anos, chamada Caroline, que estava voltando a namorar. Caroline afirmou que não se arrependia de nenhum dos relacionamentos que teve, mas lamentava ter passado os últimos cinco anos tentando superar o fim de uma relação de três.

"Eu entendo", comentei. "Uma vez uma mulher me confidenciou que só uma década após a morte do marido em um acidente de automóvel ela chegou à conclusão que ia sentir falta dele e amá-lo até morrer. Mas ela preferia ter percebido isso mais cedo, para se lembrar do amor que os dois compartilharam. Quando ela e eu estávamos quase terminando nosso trabalho juntos, ela me disse: 'A partir de agora vou fazer justiça ao amor. Chega de fazer justiça ao sofrimento.'

"É isso que queremos ensinar. Queremos honrar o amor, não a dor e o sofrimento." Louise olhou nos meus olhos e prosseguiu: "No livro, vamos falar de intenções. Vai ser uma obra sobre aplicar afirmações à perda e ao luto. Trará esperança a quem sofre. Podemos ensinar às pessoas que elas *podem* migrar do pranto para a paz, e mostrar como fazer isso. Elas podem curar a perda e o próprio coração. Não precisam sofrer pelo resto da vida, mas não vão conseguir esse resultado em um só dia."

"É pura verdade", respondi. "Superar uma perda não é como curar um resfriado em uma semana. É um processo demorado, mas podemos ensinar as pessoas a dizer que esperam alcançar a paz. O sofrimento que precede a paz é extremamente importante porque é uma expressão autêntica do seu sentimento à medida que você trabalha para construir uma base nova e mais sólida."

* * *

Reflito com frequência sobre as Cinco Fases do Luto definidas por Kübler-Ross: *negação, raiva, negociação, depressão e aceitação*. Curar o coração, no final das contas, é chegar à aceitação e viver na realidade. Não estou dizendo que você vá ficar feliz por ter sofrido uma perda ou que está tudo bem. Mas você precisa admitir a realidade da perda, apesar de só querer a volta da pessoa amada.

Contei a Louise a seguinte história:

Ainda muito jovem, Christina recebeu um diagnóstico precoce de câncer de ovário, que se mostrou muito agressivo. Quando ficou evidente que Christina estava morrendo, parecia que todas as pessoas ligadas a ela ainda estavam com dificuldade para aceitar essa possibilidade. Paradoxalmente, às vezes pessoas muito jovens têm mais facilidade para aceitar a morte do que seus pais. No caso de Christina, a maior recusa para aceitar os acontecimentos foi da mãe dela, Debra. Christina era corajosa e interessada, capaz de ver claramente o que podia e o que não podia mudar no mundo. Ela sabia que estava morrendo e aceitou a situação, o que lhe trouxe uma espécie de paz.

Durante o período em que estava doente, ela e a mãe discutiram muitas vezes. Debra dizia: "Você é jovem demais para morrer."

A filha respondia: "Nesse caso, como você explica o fato de que estou morrendo?"

"Sua vida está incompleta; você não pode morrer tão jovem."

"Mãe, só existem duas condições para que uma vida seja completa: o nascimento e a morte. Logo minha vida estará completa porque eu terei vivido e morrido. As coisas são assim, precisamos aceitá-las com serenidade."

Se havia algo que tirava o sono de Christina, era a preocupação com a mãe. Depois que ela morreu, prestei assistência a Debra por alguns meses e até hoje lembro de como Christina desejava que a mãe tivesse paz, mas isso não acontecia. Mas, anos depois, encontrei Debra por acaso e imediatamente percebi uma mudança que não consigo explicar. Perguntei se alguma coisa estava diferente e ela confirmou: "Confesso que desejava ter minha filha de volta muito mais do que desejava paz, mas no fim me dei conta de que queria paz para mim e para Christina. Finalmente entendi o significado de querer que uma pessoa amada *descanse em paz*."

Comentei com Louise: "Christina e Debra até hoje sempre me fazem lembrar da importância de querer essa paz."

Louise concordou. "Nós nos esquecemos de sentir e compreender as palavras aprendidas na infância. Pense na expressão 'descansar em paz'. Todo mundo já ouviu, e tudo o que Debra queria, afinal, era que a filha encontrasse essa paz, sabendo que o amor é eterno e imortal. Da mesma maneira, Christina teria desejado que a mãe descansasse em paz toda noite, reconhecendo que a ligação entre elas não pode ser rompida pela morte. Agora Debra está tranquila, com a certeza de que um dia elas vão se reencontrar."

Seja qual for o motivo do seu sofrimento, é vital lembrar-se de *querer* encontrar a paz, para conseguir curar o coração. É muito poderoso e reconfortante saber que sofrer intensamente e mesmo assim encontrar a paz é uma opção. Na verdade, este livro contém diversas opções que talvez você nunca tenha imaginado, como recursos para desafiar seus pensamentos e afirmações para mudar padrões mentais prejudiciais.

Lembre-se apenas de que é possível curar seu sentimento de perda e seu coração. Há pessoas fazendo isso o tempo todo, mas você sempre precisa ter em mente que o seu luto é tão pessoal quanto sua impressão digital. Você precisa admitir sua perda e sua dor para conseguir curar totalmente o coração. Muitas vezes temos raiva dos amigos que não compreendem nossa perda. Esses amigos não entendem e talvez nunca entendam, mas é só você que pode avaliar plenamente sua perda, porque só você é capaz de curá-la.

Diferentes formas de perda

A maioria das pessoas se surpreende quando ouve dizer que existem tipos diferentes de perda. O conceito de que "qualquer perda é perda" pode ser verdadeiro por um lado; contudo, como existem tantos tipos específicos de perda, vale a pena examinarmos os arquétipos.

No restante do capítulo vamos falar sobre *perda complicada*, *perda no limbo* e *luto não reconhecido*. É importante lembrar que o luto é a reação a essas perdas. Apesar de não querer me estender nas complexidades dessas categorias, é bom entender em qual delas sua perda se enquadra. Fica mais fácil, assim, encontrar naquela situação a melhor expressão de si mesmo.

Perda complicada

Basicamente, *perda complicada* é qualquer perda agravada por outros fatores. Quase todos nós sabemos que vivenciaremos uma perda quando um relacionamento naturalmente chegar ao fim. Quando as duas pessoas concordam com a separação, é uma perda sem complicação. Quando um parente idoso tem uma morte previsível depois de uma vida longa e feliz, essa é uma perda sem complicação. Mas qual é a frequência desse tipo de perda? Quantas vezes todo mundo chega a um acordo? Quantas vezes as coisas terminam bem?

A vida de todo mundo é complicada e as perdas, naturalmente, também são. Elas se tornam complicadas quando são inesperadas. Em outras palavras, quando vêm de surpresa. No entanto, mesmo esse tipo de perda, por mais complexa, admite a possibilidade de cura. Vamos ver alguns exemplos de como podemos mudar nossa maneira de pensar.

Em um relacionamento, quando seu parceiro quer a separação e você não, é aconselhável incluir em seus pensamentos a afirmação:

Embora eu não entenda essa separação no momento, vou aceitá-la como realidade para que a cura possa ter início.

A mesma linha de pensamento pode ser usada em um divórcio:

Não acredito na necessidade de nos divorciarmos, mas é o que meu marido quer [ou minha mulher já abriu o processo]. Apesar de não concordar

*com o divórcio, acredito que cada um escolhe o
próprio destino, e meu cônjuge escolheu o dele.*

*Todo mundo tem o direito de escolher se quer
ou não permanecer em um casamento.*

Quando alguém morre jovem, você pode dizer para si mesmo:

*Eu não esperava essa morte. Achava que essa
pessoa ainda tinha muito o que viver, mas preciso
me lembrar de que não vejo tudo, nem sei de tudo.
Apesar de estar com raiva e confuso, não sei o
que o destino reserva para a vida dos outros.*

Lembre-se de que a perda pode ser complicada, mas a cura pode ser simples.

Perda no limbo

Vejamos alguns exemplos de *perda no limbo*: depois de o mesmo casal se separar pela terceira vez, os dois talvez pensem: "Essas separações estão acabando conosco. Queríamos fazer o relacionamento dar certo ou então acabar de vez com isso."
Talvez as seguintes afirmações ajudem:

*Essa separação vai trazer revelações úteis.
Esse relacionamento vai florescer ou
morrer em seu próprio tempo.*

Quem estiver passando por problemas de saúde graves e prolongados talvez diga que "a espera pelos resultados dos exames é terrível", ou "quero recuperar a saúde plena ou então morrer de uma vez".

Nesse caso, uma boa afirmação será:

Minha saúde não é definida por um resultado de exame.

O receio da perda pode ser tão desgastante quanto a própria. Às vezes a vida nos obriga a ficar no limbo, sem saber se vamos sofrer uma perda ou não. Você pode ter que esperar muitas horas até saber se a cirurgia de um ente querido correu bem, ou aguardar muitos dias até alguém sair do coma. Quando uma criança desaparece, podemos ficar no limbo durante horas, dias, semanas ou até mais. As famílias de soldados desaparecidos em ação muitas vezes sofrem décadas no limbo. Anos depois, a família ainda pode não ter se conformado com a perda e talvez não consiga se conformar até saber a verdade do que aconteceu. Essa informação, no entanto, pode nunca chegar. Viver no limbo à espera de uma perda já é uma perda em si.

Mas as coisas não precisam ser assim. No meio da tempestade, podemos encontrar um porto. Diante da expectativa de uma perda, em geral nos torturamos imaginando as piores possibilidades. Não sabemos como sobreviver se o pior acontecer. Nessas situações, podemos ficar paralisados e incapazes de ajudar os outros ou nós mesmos. Uma afirmação de cura para esses casos é:

Apesar de não saber onde está meu ente querido,
confio em Deus e em suas mãos amorosas para
cuidar dele e deixá-lo em segurança.

Por exemplo, em uma separação, talvez você pense: "Tenho que reconquistá-lo; não estou pronta para terminar." Reformule seus pensamentos! Repita para si mesma:

Posso não saber como terminará essa situação, mas a vida me ama e vou ficar bem com ele ou sem ele.

Se estiver achando muito difícil terminar um relacionamento com alguém, experimente dizer:

Se não sou a pessoa certa para ela, outro alguém é! Vou sair de cena para que eles possam se encontrar.

Luto não reconhecido

O *luto não reconhecido* é a dor por uma perda pela qual não nos sentimos socialmente autorizados a sofrer. Esse luto não costuma ser explícito nem aprovado. Eis alguns exemplos:

- O relacionamento não é aprovado pela sociedade, como relacionamentos ou casamentos homossexuais.

Nesse caso, experimente pensar:

Não importa a opinião dos outros sobre meu amor, respeito meu amor e minha perda.

- O relacionamento ocorreu no passado. Pode ser, por exemplo, a morte de um ex-marido ou ex-mulher.

Use a afirmação:

Embora já não estivéssemos casados, meu amor não aconteceu só no passado, ainda existe no presente. Vou sentir plenamente a perda de meu amor por ele/ela.

- A perda é secreta ou difícil de ser notada. Entre as perdas ocultas estão o aborto espontâneo e o aborto provocado.

Tente pensar:

Vejo e honro a perda de meu bebê.

Algumas causas de morte são estigmatizadas. Por exemplo, quando a morte parece resultar de uma decisão imprudente ou do que alguns consideram pecado. Suicídio, Aids, alcoolismo e overdose de drogas são alguns exemplos.

Procure pensar:

Nos casos de suicídio: *Meu amado estava sofrendo e sem encontrar uma saída. Eu agora o vejo pleno e em paz.*

Em caso de Aids: *Minha amada é linda e preciosa, independentemente de sua doença.*

Em casos de dependência de álcool e/ou drogas: *Meu querido fez o melhor que pôde. Eu o recordo como era antes do vício e agora o vejo livre do vício.*

- A perda de um animal de estimação às vezes não é lastimada por medo de ser ridicularizado.

Tente pensar:

Meu amor por meu animalzinho é muito verdadeiro. Só vou confessar minha dor para quem for capaz de entender essa perda.

Lembre-se, no que diz respeito ao luto não autorizado, que não conseguimos mudar o que os outros pensam, mas podemos mudar o que pensamos.

Faço justiça a minhas perdas.

* * *

Como você pode ver, existem nomes diferentes para os diferentes tipos de perda. Embora nosso luto seja totalmente pessoal, a experiência de sofrer a perda é universal. Assim, é importante observar que, se todos sofrem perdas, todos também podem curar a dor. Apesar de não termos controle sobre a possibilidade de uma separação, de um divórcio ou de uma morte, o temos por completo sobre os pensamentos decorrentes dessas circunstâncias. Você pode se permitir sentir plenamente a dor e desejar a cura, ou pode se tornar uma vítima do sofrimento. As afirmações são uma ferramenta valiosa para levar seus pensamentos na direção da cura e afastá-los do sofrimento.

Agora vamos examinar em detalhes a perda com o fim de um relacionamento e aprender como concentrar os pensamentos na cura. Também vamos ver maneiras de superar crenças negativas para no futuro manifestarmos mais amor próprio.

2
RETROCESSOS E PROGRESSOS NOS RELACIONAMENTOS

As palavras ditas e ouvidas pelas pessoas após uma separação têm um impacto e trazem uma mensagem. Sabemos que as mensagens dos contos de fada não são reais. Quando ouvimos "e eles viveram felizes para sempre", sabemos que "felizes para sempre" não existe. É possível "foram autênticos para sempre", "viveram esperando que fosse para sempre", ou até mesmo "tiveram vidas que consideram perfeitas, para sempre".

Não seria fantástico se no fim de um relacionamento os dois envolvidos pudessem apertar as mãos e dizer "Obrigado, foi muito bom" e cada um seguir seu caminho? Ou dizer "Obrigada, aprendi muito" ou ainda "Nossa, que jornada incrível! Se cuida".

Porém, a maioria das vezes em que estamos profundamente feridos, parece que uma nuvem negra paira sobre nós. Será que não podemos pensar em outras opções? O sofrimento é real, mas será que a nuvem escura é necessária? Em vez disso, não poderíamos seguir em frente sob uma nuvem de amor? Podemos nos envolver na gratidão do amor? Parar e pensar: *Como essa fase da minha vida foi interessante! Não foi um capítulo fantástico?* Não podemos ficar curiosos com o que está por vir? Você precisa mesmo ficar mergulhado na nuvem escura, à espera da próxima tempestade?

Assim como a maioria dos seres humanos, você provavelmente acha que estar apaixonado é como estar em uma colina, sem qualquer relação com o vale. Qual é o valor do tempo que passamos sozinhos? Esperamos que você se permita sofrer quando o relacionamento termina, mas saiba que manter pensamentos negativos só aumenta o sofrimento.

Converse com outras pessoas, principalmente mais velhas. Deixe que lhe contem como suas vidas foram maravilhosas tanto dentro quanto fora de relacionamentos. Em todos os níveis de consciência, falar, meditar, rezar e recitar afirmações são ações com enorme poder de cura. O mesmo vale para o silêncio. Algumas pessoas podem até mesmo dizer que, após o fim de um relacionamento, viveram um período intenso de recriação, reforma e crescimento.

Neste capítulo, vamos compartilhar muitas histórias intensas e insights de crescimento pessoal após o final de um relacionamento. Se possível, tente abrir a mente para ver como uma separação pode ser percebida de outras maneiras, até mesmo sob uma ótica positiva. Em parte, o medo que muita gente tem com a perda de um relacionamento é da perspectiva do abandono. Por exemplo, talvez você pense: *Ele tinha que ficar comigo.* Como pode ter certeza disso? Talvez isso simplesmente não seja verdade, ou haja outras formas de ver a questão. Talvez você tivesse que viver um relacionamento romântico com aquela pessoa dos 23 até os 25 anos e depois tivesse que viver com outra pessoa dos 30 aos 50. As pessoas entram e saem de nossas vidas, mas o amor não precisa seguir o mesmo padrão.

Mais uma vez, pode parecer que estamos pedindo que você mude sua maneira de pensar, e estamos mesmo. Contudo, o que limita sua visão é acreditar que tem apenas *uma maneira* de enxergar a perda — em geral, uma maneira negativa. Em última análise, você precisa expandir sua visão para perceber que as opções são inúmeras e as formas de ver os acontecimentos de sua vida, infinitas.

Os relacionamentos nos dão novas oportunidades de entender quem somos, do que temos medo, de onde vem nosso poder e qual é o significado de amor verdadeiro. A ideia de que relacionamentos são oportunidades de aprendizado pode parecer uma falácia porque sabemos que a vida a dois pode ser uma experiência frustrante, desafiadora e até mesmo dolorosa. No entanto, ela também pode ser muito mais. Os relacionamentos são nossa maior oportunidade de encontrar o amor verdadeiro e a cura real.

Depois de uma separação, o sofrimento pode nos dar a falsa percepção de estarmos incompletos. Se nos sentimos menos inteiros com a ausência de outra pessoa, estamos acreditando que não nos bastamos — que não somos completos, capazes de encontrar o amor próprio, nem de criar a própria felicidade na vida pessoal ou profissional. Em vez de tentar encontrar a pessoa ideal para amar, vamos procurar *merecer* o amor. Em vez de insistir para que o parceiro atual sinta mais amor por você, torne-se merecedor de ser amado por ele. Se você merecer o amor e mesmo assim seu parceiro for embora, então não era a pessoa certa para você.

Para encontrar amor, você precisa se perguntar se está transmitindo tanto amor quanto quer receber, ou se espera que os outros o amem mais do que você os ama ou ama si mesmo. Há um velho ditado muito verdadeiro: "Se seu barco está afundando, ninguém vai querer navegar com você."

Uma nova visão dos relacionamentos

Antes de analisarmos a dor de uma separação, precisamos estudar como as pessoas pensam quando estão envolvidas no relacionamento.

Sua maneira de pensar durante o relacionamento define como você vai sofrer depois. Por exemplo, se você se sentia carente durante o relacionamento, seu sofrimento também vai refletir carência. Se você vivia com raiva, sua dor será permeada pela raiva quando a relação acabar. Na verdade, não queremos apenas lhe mostrar uma maneira mais abrangente de pensar sobre a dor da separação. Queremos que você também veja como uma visão expandida pode funcionar *durante* o relacionamento.

Joanna e Grace, gêmeas idênticas, nasceram com um intervalo de alguns minutos, mas por obra do acaso Joanna nasceu dois minutos antes da meia-noite do último dia do ano e Grace nasceu pouco depois. Embora tivessem uma diferença de idade de alguns minutos, as duas proclamavam com orgulho as datas de nascimento diferentes. Essas gêmeas também eram muito diferentes na maneira de lidar com relacionamentos.

Grace namorava um engenheiro de sistemas que desenvolvia programas para identificar se diferentes medicamentos interferiam no tratamento um do outro. Ele era considerado um herói por muita gente, pois seu trabalho ajudava a salvar vidas. Grace gostava de estar com ele e adorava o relacionamento, portanto ficou arrasada quando o namorado contou que havia se apaixonado por outra. Ela dizia coisas como: "Acho que não era pra ser. Pensando bem, aquele não era o relacionamento certo pra mim." Ela era dotada de uma capacidade incomum para ver a realidade dos fatos. "Acho que aquele relacionamento só tinha que durar um ano", comentava.

A irmã contestou: "Você não dizia que ele era o homem da sua vida?"

Grace respondeu: "Bem, se ele fosse o homem da minha vida ainda estaríamos juntos. O fato de o relacionamento ter acabado significa que era para durar um ano, não a vida inteira."

Joanna não conseguia ser isenta, mas não sofria apenas pelo fim do namoro da irmã. Sua dor obviamente determinava a natureza das próprias experiências amorosas, que só tinham dois estados: ou ela estava em um relacionamento ou estava chorando pelo fim de um relacionamento. Sua ligação amorosa mais importante foi com Phil, um atraente comentarista esportivo. Em muitos aspectos, eles eram um ótimo casal, mas ela ainda lamentava o fim do relacionamento anterior, com Max. Com frequência ela se perguntava: *Se eu não tivesse cometido os erros que cometi com Max, será que ainda estaríamos juntos?* Quando pensava sobre o relacionamento atual, Joanna ficava com muito medo de repetir os mesmos erros com Phil.

Grace só aconselhava: "Você precisa esquecer seus relacionamentos anteriores. Você já aprendeu o que tinha que aprender com eles. Viva o romance de hoje. Esteja com Phil."

No entanto, para Joanna isso era mais fácil de falar do que de fazer. "Mas e se eu for quieta demais ou agressiva demais?"

"E se, e se... e se nossa avó tivesse rodas?", rebateu Grace. "Nós seríamos carros?"

É muito claro que essas irmãs tinham atitudes bem diferentes quanto a relacionamentos, separações e a transição para novos relacionamentos. Mas elas também tiravam de tudo isso lições particulares, porque mesmo gêmeas idênticas não vêm ao mundo para fazer a jornada uma da outra. Cada um de nós tem um plano de voo individual para aprendizagem. Muitas vezes tentamos mudar ou entender nossos processos internos e manipular nossas lições, mas a vida sabiamente nos dá o necessário a cada momento.

O que não significa deixar de viver a vida e de cometer enganos. Nós não queremos ficar à margem do jogo da vida, sendo meros espectadores. Existe um ponto a partir do qual a autoanálise se transforma em leniência e somos obrigados a agir para mudar. Não podemos controlar os outros ou mudar o passado, mas temos completo controle sobre nosso diálogo interno. Quando Joana entender que os pensamentos negativos atrapalham seu relacionamento, então, e só então, ela terá a autoconsciência de que seus pensamentos podem criar uma realidade diferente.

Pense na seguinte ideia: *sei que vou cometer os mesmos erros novamente*. Não só podemos mudá-la, como também usá-la como guia para nossa cura. Ela pode literalmente ser transformada em uma espécie de meditação com o mantra:

Estou curada de meus erros do passado.

Joanna conseguiu superar os erros do passado no relacionamento seguinte. Muitas vezes pensamos que estamos curados e que tudo vai passar a ser perfeito. A verdade, porém, é que o mundo sempre progride na direção da cura, logo, para Joanna as coisas nem sempre serão perfeitas. Mas com o tempo ela avançará para sua próxima região de cura.

Quando você se cura parcialmente, o Universo não diz: "Vamos dar a ela uns seis meses de calmaria." Pelo contrário, ele pergunta: "Qual é o próximo aspecto dessa pessoa que precisa ser curado para que ela seja feliz?" Muitos caminhos espirituais preconizam que tudo o que não se assemelha ao amor virá à superfície para ser tratado. Joanna encarou outro traço de sua personalidade que não lhe fazia bem. Ela começou a analisar seu relacionamento com Phil, se perguntando: *Ele é a pessoa com quem devo passar a vida inteira? Ele é capaz de ser um bom pai? Será que o sexo vai ser sempre bom? Meus amigos gostam dele? Minha família o aprova?*

Talvez você ache essas perguntas razoáveis, e elas são mesmo. Mas não é razoável repeti-las cem vezes por dia. Muita gente não sabe que tem 70 mil pensamentos por dia, mas o impressionante é que a maioria deles é mera repetição. O conceito de Joanna de uma vida ou um relacionamento minuciosamente examinados resulta em uma vida ou em um relacionamento que não são plenamente vividos. Não se pode estar presente no momento — com toda a franqueza e receptividade — quando se está ocupado analisando tudo.

Vamos voltar e examinar alguns pensamentos de Joanna quando está em um relacionamento, pensamentos que podem afetar seu sentimento de perda quando ele acaba ou afetar seu curso.

Sua primeira pergunta foi: "Ele é a pessoa com quem devo passar a vida inteira?"

A verdadeira resposta para essa pergunta é que Phil é a pessoa certa no momento. Não há vantagem em questionar para além do momento presente. Não se pode colher a felicidade futura. O fato de ele estar ali naquele momento mostra que ele é a pessoa certa para aquele momento.

Você está começando a entender como isso pode ajudá-lo a viver no presente e com o pé na realidade? "Ele é a pessoa certa para hoje" é a pura verdade. "Ele é a pessoa certa para toda a minha vida" pode ou não ser verdade. Nós simplesmente não somos capazes de saber se vamos passar o resto da vida com alguém. Quando um relacionamento termina, nós sofremos, mas a dor é muito maior quando se acredita que o parceiro era "o homem da nossa vida" e agora perdemos o companheiro "de toda a vida". Lembre-se de usar essa afirmação:

Ele é a pessoa certa para hoje.

Vamos falar da segunda pergunta de Joana: "Ele é capaz de ser um bom pai?"

Sempre que concentramos nossos pensamentos em outra pessoa em vez de em nós mesmos, não somos felizes. Joanna não deveria se perguntar se Phil será um bom pai, mas sim se ela mesma é capaz de ser uma boa mãe quando chegar a hora. Vamos cair na real. Alguém pode realmente saber se outra pessoa vai ser um bom pai ou uma boa mãe? Todo mundo acha que um irmão ou um amigo tem tudo para criar bem os filhos, mas na prática todo mundo tem deficiências. Ao mesmo tempo, às vezes somos surpreendidos por pessoas que, em nossa opinião, teriam sido péssimos pais, mas que se revelam pais maravilhosos. No fim das contas, se algum dia tiver filhos, Joanna só pode controlar as próprias qualidades maternais. Uma afirmação mais positiva para ela seria:

Vou fazer tudo para ser a melhor mãe possível.

A terceira pergunta de Joana foi: "Será que o sexo vai ser sempre bom?"

Em última análise, o sexo só existe em um lugar: entre as suas orelhas. Como vai ser sua libido no futuro não vem ao caso. Você só precisa se preocupar com o seu próprio envolvimento na experiência sexual. Esta noite Joanna pode levar para o quarto toda intensidade, sedução, criatividade, excitação e sentimento de aventura de que for capaz. Uma afirmação positiva seria:

Vou trazer tudo de mim para minha experiência sexual de hoje.

"Meus amigos gostam dele?" foi a pergunta seguinte de Joana.

Seus amigos refletem os pensamentos que você emite. Se você revela dúvida, eles terão dúvidas. Por outro lado, se você transmite pensamentos de felicidade, seus amigos automaticamente sentirão afeto por seu parceiro, porque verão que você está feliz.

A afirmação positiva é:

Meus amigos vão gostar de me ver feliz com ele.

E finalmente, Joana queria saber: "Minha família o aprova?"

Talvez sim, talvez não. Quase sempre, nossos parentes assimilam nossas emoções. Se eles não aprovam seu parceiro, lembre-se de que a vida e o relacionamento são seus. A única pessoa que realmente precisa aprovar o relacionamento é *você*. A afirmação positiva seria:

Eu aprovo meu relacionamento.

Todos os nossos pensamentos são valiosos. Ninguém consegue pensar de uma maneira durante o relacionamento e de outra maneira, totalmente diferente, enquanto sofre pela separação. Se durante o relacionamento você pensa de modo negativo e distorcido, sua dor será negativa e distorcida. É vital ver seus pensamentos como um contínuo porque, se você acreditava que o relacionamento ia desandar, esse pensamento negativo que permeou a vida a dois vai permear o sofrimento. E quando um novo relacionamento começar, você não vai subitamente pensar com clareza, pelo contrário, continuará a ser vítima de seus padrões.

A dor é a janela que nos dá oportunidade de examinar nossos conceitos básicos sobre relacionamentos. Se você sofre bem na perda, viverá bem o relacionamento. Quem se relaciona mal na vida a dois tem outra oportunidade de mudar de atitude sobre a perda e a forma de viver o próximo relacionamento.

Saber quem você é

Vanessa acha graça quando se lembra do seu relacionamento "dos sonhos". Atualmente, feliz no casamento com um homem que não é o príncipe encantado, ela recorda o primeiro grande relacionamento que teve com bom humor e afeto, livre de sofrimento.

Aos 27 anos ela ficou encantada quando conheceu Ron, um pediatra, em uma festa. Ela sempre soube que algum dia encontraria um homem especial que também a achasse especial. Ela ficava imaginando como seria a vida de esposa de um médico.

Depois de 11 meses de namoro, Vanessa achou que tinha chegado à meta e à maturidade emocional quando Ron propôs que fossem morar juntos. É meu destino ser casada com um médico, pensou. *Vou organizar eventos beneficentes para o hospital. Quando meu marido reclamar do trabalho, serei aquela pessoa que sabe do esforço que ele fez para se tornar o médico que é. Quando alguém falar da fortuna que ele ganha, vou mencionar todos os anos de estudo que foram necessários para ele chegar a essa posição.*

Vanessa parou de frequentar o café perto de casa e passou a tomar chá com outras esposas de médicos. No entanto, nem tudo era perfeito. Ron às vezes era arrogante e egoísta. Um dia ela sugeriu que mudassem a decoração do quarto. O lugar parecia mais um apartamento de solteirão, com um colchão de água e um bar. Ele reagiu com agressividade, afirmando que não havia nada de errado com o quarto. Ele tinha o colchão de água há mais de dez anos e o achava ótimo, a não ser, é claro, quando precisava trocar a água, porque a cama ficava muito fria na primeira noite após a troca da água. Diante disso, ela tirou da cabeça a ideia de mudar o quarto, sabendo que no futuro a oportunidade de mudar a decoração surgiria.

Eles comemoraram o primeiro aniversário de namoro com uma viagem para a ilha de Maui, o lugar favorito de Ron. Vanessa, no entanto, levou um convidado: seu medo.

Quando ela perguntou ao namorado se ele já tinha levado outras mulheres àquele lugar, ele respondeu: "Claro, este é o meu lugar favorito. Vim aqui com outras namoradas e também sozinho. Uma vez conheci aqui uma garota que acabei namorando."

A honestidade dele só deixou Vanessa mais insegura, portanto vamos analisar o que ela pensava a essa altura: *Será que sou só mais uma para ele, um número? Se eu não tivesse vindo com ele para Maui, será que ele teria encontrado outra mulher para lhe fazer companhia? Algum dia ele vai querer se casar comigo?*

O que ela realmente queria saber era: *Será que significo alguma coisa para ele? Ele me ama?* Mas o problema não era esse; não era um pensamento específico. O fato é que todos os pensamentos de insegurança poderiam ser resumidos em três curtas frases: *Sou invisível. Não estou à altura. Sou completamente substituível.*

Quando você se concentra na negatividade, como Vanessa fazia, a vida fica pior, mas se pensa positivamente, a vida melhora. Ron podia ser arrogante, mas que tipo de pensamento ele captava de Vanessa? Ela se sentia indigna de ser amada, sem valor e invisível. O que havia nela para despertar amor? Ou para ser mais exato, as perguntas pertinentes são: quem estava ali para ele amar? Se Vanessa não se valorizava, como poderia ser valorizada por ele?

Gostaríamos de poder dizer que os dois se divertiram muito em Maui, mas o fato é que ela personificou as próprias inseguranças. Ele ficou ainda mais distante. Quando voltaram da viagem, Ron esperava que a vida voltasse ao normal, mas os pensamentos inseguros continuaram a perseguir Vanessa. *Aposto que outras mulheres já moraram nesta casa*, pensava. Ela remoeu essa ideia tantas vezes que acabou precisando saber a resposta. Então, perguntou bruscamente: "Alguma outra mulher já morou nesta casa com você?"

Mais uma vez, Ron foi sincero: "Sim, mas que diferença isso faz? É você quem está aqui agora."

"Eu só precisava saber", respondeu ela. Porém, alguns dias depois, perguntou: "Quem terminou o relacionamento, foram elas ou foi você?" Ela tinha deslocado o foco, deixando para trás as questões *do* relacionamento e passando a pensar no *fim* do relacionamento. Ela parou de aproveitar a vida, já estava sofrendo pela perda.

Ron percebeu que não adiantava tentar tranquilizá-la. Ele podia sentir o vazio e a carência dela puxando o relacionamento para baixo. Enfim, as palavras negativas que ela esperava foram pronunciadas: "Vanessa, acho que você deveria se mudar." As afirmações negativas tornaram concretos os piores temores de Vanessa.

Ela implorou que ele voltasse atrás, mas Ron estava decidido. Cheia de ressentimento, Vanessa se mudou. Ela via a confirmação de suas certezas: tinha sido apenas mais um número para ele, mais uma namorada. Nada mais.

Durante alguns dias, Vanessa viveu em um abismo de trevas. Todos os pensamentos e inseguranças que ela levara para o relacionamento deram forma a seu sentimento de perda. Ela continuou a alimentar pensamentos negativos ao buscar seus pertences no apartamento dele e se mudar para a casa de Yvonne, uma velha amiga.

Depois de alguns dias, Yvonne a repreendeu: "Preste atenção no que você diz... Dá para entender por que ele não quis ficar com você. Nem você quer sua companhia! Você não tem autoestima. Ele a via assim, como você se descreve. Quem é você? Você se conhece?"

Ainda presa a afirmações negativas, Vanessa jurou que faria o ex-namorado sentir falta dela, e sabia exatamente como. Ela ainda tinha a chave da casa e sabia que quartas-feiras eram dias especialmente cheios em seu consultório. No horário em que ele estava atendendo o primeiro paciente, ela foi ao apartamento.

Vanessa lembrava bem dele reclamando do frio na primeira noite depois de trocar a água do colchão. Portanto, ela passou as horas seguintes esvaziando o colchão de água, sentada ao lado da cama, vendo a água ser drenada e pensando na solidão e no frio que Ron sentiria naquela noite. Ele ia querê-la de volta! Quando a água terminou de ser drenada, ela começou a encher novamente o colchão. Depois arrumou a cama como se nada tivesse acontecido e foi embora.

Na manhã seguinte, certa de que ele desejara imensamente sua presença durante a noite, Vanessa ficou ao lado do telefone, esperando sua ligação. Às 16 horas, incrédula com a falta de notícias, ela resolveu telefonar para o consultório de Ron. Ele atendeu e ela perguntou como ele estava.

"Bem", respondeu ele, soando distraído.

Frustrada, ela insistiu: "Dormiu bem?"

"Muito bem."

Ela desligou o telefone, pensando em todo o esforço que fizera para deixar o ex-namorado infeliz e solitário. Ela queria que ele sentisse tanta dor quanto ela sentia. Quando Yvonne chegou em casa, Vanessa lhe contou o que fizera.

"Vanessa, veja aonde você chegou com essas ideias!", disse a amiga. "Você está sabotando a cama dele para fazê-lo sentir sua falta, mas onde está *você* nessa situação? O que você tem de tão bom para ele sentir sua falta? Onde estava seu sorriso, sua risada, seu estilo? Seu amor por jogos de tabuleiro? Sua personalidade calorosa? Você se tornou completamente invisível e o acusa de não a enxergar ou de vê-la só como mais uma! Ótimo, agora você é a Mulher Maluca nº 5, que esvaziou um colchão de água para fazer o namorado sentir sua falta. Ninguém vai pensar que você é especial se *você* não se sentir especial."

A recomendação de Yvonne finalmente fez Vanessa perceber seu hábito de pensar de maneira negativa. Ela sabia que o que fizera com o colchão de água tinha sido ridículo, mas não havia ligado os pontos. Agora seria preciso abrir a consciência para a dor da perda, senti-la e lidar com ela. Finalmente, ela entendeu que, se não assumisse o controle da própria vida, ninguém assumiria.

Nos anos seguintes, Vanessa procurou entender seu papel no mundo, não como esposa de um médico ou de qualquer outra pessoa. Por vontade própria, ela passou a fazer trabalho voluntário em instituições de caridade, e também procurou descobrir o seu lugar favorito no mundo, em vez de adotar o lugar favorito de um cara qualquer. Começou a enxergar a própria vida como uma semente que precisava nutrir e não como uma videira que se apoia no muro de alguém para crescer. Ela se deu conta de que olhar apenas para o outro era uma distração que a impedia de cumprir sua principal tarefa no relacionamento — conhecer a si mesma.

Depois de continuar a se dedicar ao próprio crescimento durante alguns anos, ela conheceu Hank, um homem maravilhoso que a amava por suas próprias qualidades. A trama do colchão de água passou a ser apenas uma história engraçada, contada de vez em quando nas festas por Vanessa ou outra pessoa. Quase sempre, ela encerrava o relato com: "Se você só pensar em coisas negativas, vai acabar perdendo um dia inteiro esvaziando o colchão de água de alguém. Quando você pensa positivo, acaba sendo feliz. E dormindo bem!"

É o que dizem: *quanto mais penso em você, menos penso em mim*! Cada um de nós só precisa se concentrar em uma pessoa, a única que conseguimos mudar: é quem olha para nós no espelho. É sempre um "trabalho interno".

No fim das contas, Vanessa percebeu que não tinha agido daquela maneira só para fazer Ron sofrer tanto quanto ela. O problema era a sensação de abandono quando estava com ele. Talvez o mais importante tenha sido compreender que ela própria havia se abandonado. Ela descobriu que, ao se permitir chorar pela perda, também conseguira abrir caminho para analisar a sensação de abandono, vê-la com amor e compreensão e, por fim, curá-la. Isso é o que se chama de sofrer bem.

Quando começamos a ver os relacionamentos com outros olhos, reconhecemos que eles têm ritmo próprio. Alguns duram a vida toda, outros, algumas décadas, anos, ou mesmo meses. Mas não se deve julgar esse aspecto. Não faz diferença quanto tempo você esteve com alguém, a separação justifica um período de luto. Sofrer por uma separação nos dá oportunidade de entender nossos próprios arquétipos, tanto benéficos quanto prejudiciais.

Algumas pessoas ficam apavoradas quando se dão conta das afirmações negativas que repetem ao sair de um relacionamento, mas esses podem ser momentos de revelação, que nos aproximam do amor e da cura verdadeiros. Talvez essa seja a primeira oportunidade em que percebemos que nosso modo de sofrer pela perda do relacionamento revela como agíamos na vida a dois. Assim que localizamos as afirmações negativas, podemos transformá-las em fórmulas positivas que renovam nossa vida e amores futuros.

A pessoa errada pode ser a pessoa ideal

Muita gente pensa que este relacionamento ficou amargo ou que aquele foi uma perda de tempo e considera aqueles meses ou anos irrecuperáveis. No entanto, a verdade é que cada relacionamento é uma experiência única e pessoal que foi programada exclusivamente para nós, quer tenha durado uma semana, um mês ou uma década.

Aos 30 anos, Marissa ainda era solteira. Tivera dois relacionamentos que a deixaram com uma sensação terrível de abandono, portanto, decidiu ser proativa e tomar a iniciativa. Ela se cadastrou em um site de encontros e ficava verificando diariamente se alguém tinha "piscado", "flertado" ou mandado um e-mail.

Ela decidiu conhecer todos os homens que se mostraram interessados, assim, foi a uma sucessão de almoços, jantares, cafés e drinques. Quando a empresa em que trabalhava a mandou para um congresso em outro estado, o homem sentado a seu lado no voo de volta para casa se mostrou muito interessado.

Gentilmente, ele se apresentou: "Eu sou Will."

"Meu nome é Marissa."

Eles passaram uma hora conversando animadamente. Marissa adorou a energia dele, e quando a comissária de bordo anunciou que logo estariam aterrissando, Marissa correu para o banheiro para se arrumar. Ela olhou o rosto no espelho e pensou em colocar alguma maquiagem para agradá-lo. Então, se deu conta: *Ora, ele já me viu sem maquiagem e parece ter gostado.*

Quando Marissa voltou a seu assento, Will sugeriu: "Eu ficaria muito feliz — e espero que você também — se você aceitasse jantar comigo."

Ela sorriu e respondeu: "Eu não lhe negaria o prazer de trazer essa felicidade para minha vida."

"Que tal amanhã à noite?"

Ela adorou a eficiência com que ele fez os planos e até escolheu o horário e o restaurante.

No jantar, conversaram como se fossem velhos amigos. Will propôs: "Para nosso segundo encontro, você está disponível para jantar amanhã à noite?"

Ela aceitou o convite. No fim da segunda noite, ele disse: "Nem preciso dizer que quero muito te encontrar novamente. Quando você vai estar livre?"

Marissa respondeu: "Três noites seguidas parece demais e estaríamos violando todas as regras de namoro. Então, vamos nos encontrar amanhã, sim."

A intimidade era fantástica; a companhia, fantástica; e o sexo, claro, também era fantástico. Marissa tinha certeza de que esse era "o cara certo", aquele que ela passara a vida toda esperando. Na quinta-feira à noite, ela perguntou: "Como é seu fim de semana?"

"Presto consultoria para algumas organizações sem fins lucrativos", explicou Will. "Neste fim de semana vou coordenar uma reunião do conselho diretor de uma delas, mas volto no domingo à noite."

"Aonde você vai?", perguntou Marissa. "Algum lugar aonde eu também possa ir e ficar no spa enquanto você trabalha?"

"Vai ser difícil", lamentou Will. "Tenho muitos jantares marcados e não vou ter tempo nenhum para ficar com você."

Marissa sentiu uma contração no estômago, mas tentou não demonstrar ansiedade. Ela queria dizer que eles poderiam ao menos dormir juntos, mas sentiu que estaria insistindo muito.

"Ligo para você na segunda de manhã, assim que chegar, aí podemos combinar alguma coisa", prometeu ele.

Marissa estava com a cabeça nas nuvens e só conseguia pensar nele. Imediatamente suspendeu seu perfil no site de encontros. No sábado à noite, foi jantar com as amigas mais próximas e contou sobre Will. Uma aconselhou: "Vá com calma, porque você ainda não conhece direito esse cara." Outra sugeriu: "Não saia com ele toda noite. Não seja tão disponível. Os homens gostam da caça." Contudo, a terceira protestou: "Vocês são descrentes demais. Deixem ela se divertir e ser espontânea." Marissa apenas sorriu, sem se abalar. Ela acreditava que as coisas estavam indo bem.

Na segunda pela manhã ela não largou o telefone. Às 11h30, quando Will finalmente telefonou, ela estava uma pilha de nervos.

"Você tem tempo livre esses dias?", perguntou Will.

"Acho que estou livre hoje à noite", respondeu ela.

Os dois riram. Ela se sentiu menos mal porque tinha reservado a noite para ele. Eles tiveram mais um encontro maravilhoso, e Marissa percebeu que nunca antes tinha sentido tanto amor e se sentido tão completa. Eles continuaram a se encontrar toda noite durante a semana inteira. Porém, na quinta-feira à noite, ele avisou que de novo passaria o fim de semana fora:

"Não costumo ter duas reuniões de consultoria em fins de semana seguidos, mas na primavera isso acontece."

Mais uma vez, na segunda pela manhã Marissa ficou à espera de seu telefonema. Ao meio-dia, ainda sem notícias, ela resolveu ligar para ele. A chamada caiu na caixa postal. Ela tornou a ligar às 14 e depois às 16 horas, deixando uma mensagem, mas não obteve resposta. Apesar de muito preocupada, ela se controlou. *A reunião deve ter se estendido por mais tempo do que ele esperava*, pensou. Porém, quando a terça-feira passou sem que ele entrasse em contato, ela começou a ficar realmente assustada. Será que ele tinha sofrido algum acidente? Será que ele estava bem? Talvez tivesse perdido o celular. Mesmo assim, se fosse esse o caso, ele poderia ter pedido emprestado o celular de alguém para ligar para ela.

Na terça-feira à noite o telefone dele passou a informar: "Este número não possui caixa postal." Marissa ficou com raiva. Ela ligou para uma das amigas e explicou o que estava acontecendo.

"Opa!", reagiu a amiga. "Você precisa pisar no freio e cair na real. Você acabou de conhecer esse cara."

Na quinta-feira à noite ela se encontrou com outras amigas em um bar, para avaliar a situação. A primeira perguntou: "Você já foi na casa dele?"

"Nós falamos nisso, mas ele disse que um cavalheiro sempre vai buscar a dama e levá-la em casa. Por isso que sempre acabamos ficando na minha casa."

"O que ele quis dizer é que um *cara casado* sempre pega a dama em casa."

Marissa ficou chocada com a acusação. "Will não é casado!"

A amiga olhou para ela por alguns instantes e continuou: "Pare pra pensar. Ele nunca está com você no fim de semana porque está com a família. Ele desapareceu porque viu que essa história não tinha saída."

"Talvez ele seja casado", explicou a primeira amiga, "e percebeu que gosta muito de você. mas precisa acabar com essa situação."

As amigas não ajudaram muito a confortar Marissa. Ela voltou para casa cedo, esperando encontrar um recado de Will na secretária eletrônica. Mas não havia nenhum.

Durante a semana seguinte ela esperou por alguma notícia dele a qualquer momento, mesmo que fosse uma despedida. Depois de algumas semanas, a raiva que sentia se transformou em fúria ao pensar em como os homens podiam ser canalhas. Ela começou a duvidar dos próprios sentimentos e se sentiu realmente lesada. De uma hora para outra, o status de Will passou de "ele *vai* telefonar" para "ele *não vai* telefonar".

Muitas semanas depois ela continuava ligando para o celular dele de vez em quando, mas o número tinha sido cancelado. Marissa chegou à conclusão de que ele só podia ser casado. Senão, por que chegaria ao extremo de cancelar o telefone celular? Ela não podia acreditar que o aparelho fosse um pré-pago descartável. Se aquele fosse seu telefone de verdade, ela poderia ter detonado o casamento dele com uma única chamada. As amigas estavam certas e ela tinha sido uma idiota. Ela ficou obcecada pelo mistério de Will. Será que ele tinha uma família? Que tipo de pessoa faz uma coisa dessas? Saber que fim ele levara e por que tinha feito o que fez se tornou sua obsessão. Quanto mais pensava nele, mais infeliz ficava e mais se sentia abandonada.

Marissa se trancou em casa, mergulhada na depressão e na amargura. Nunca tinha se sentido tão sozinha. Mas após algumas semanas, ela caiu em si: *Por que estou sofrendo há cinco semanas por conta de oito encontros em duas semanas?* Ela deu graças a Deus por não ter ficado com ele durante meses, porque certamente precisaria de muitos anos para se recuperar. Ela percebeu que tinha dado a Will mais do que ele merecia, mas o principal é que não podia ficar sofrendo tanto apenas por aquele homem.

Seis semanas depois, Marissa se inscreveu novamente no site de encontros. As amigas ficaram contentes, mas a aconselharam a levar as coisas com calma e não se precipitar.

"Passei seis semanas chorando as mágoas", concordou Marissa. "Me senti tão só! Sempre me sinto rejeitada pelos homens, mas não posso continuar desse jeito. Estou começando a acreditar que meus sentimentos de perda não têm muita relação com namoro ou namorados."

"Você não precisa namorar, se não estiver a fim", confirmou uma das amigas.

Marissa discordou: "Não são os encontros que precisam mudar. Eu preciso parar de me sentir sempre rejeitada. Por estranho que pareça, sair com Will foi uma excelente lição, porque eu tinha certeza de que ele era o homem da minha vida. E isso me mostrou como caio em armadilhas que eu mesma preparo. Mas já lutei bastante para mudar e pensar de outra maneira."

Ela se referia à autoanálise e às afirmações que costumava fazer. Ela percebeu que diariamente fazia alguma afirmação. Em geral, era alguma coisa prejudicial: *Com Will eu me sinto completa. Preciso de alguém que me complete. Só sou feliz quando estou com alguém.*

No entanto, ela passou a combater esses sentimentos com novas afirmações, que aprendeu enquanto trabalhava a dor da separação:

Eu cuido de mim.
Os homens podem ir e vir, mas eu sempre
vou me amar e me apoiar.

Não sabemos o que Will tirou dessa história, mas sem dúvida ele também terá aprendido uma lição. Como causou sofrimento, Marissa poderia dizer:

Não vou me preocupar porque o carma vê tudo.
A jornada existencial dele não é da minha conta.

Pode parecer estranho, mas Marissa entendeu que seu interlúdio com Will foi um presente. Ele era a pessoa ideal para ajudá-la a trabalhar seu problema de rejeição, e apesar de não sabermos como, ela também foi perfeita para ele.

É fácil julgarmos que Marissa conheceu um crápula, mas o que estaríamos afirmando sobre o Universo? Ele mandou aleatoriamente um homem insensível para Marissa? Por que o Universo faria isso? Só para arruinar a vida dela? Haveria uma razão para isso? Se o Universo é onisciente e cheio de amor, sempre nos levando na direção da cura, então Will foi mandado para Marissa por uma boa razão. Ela estava pronta para usar aquele homem e aquele momento da vida como meios de lidar com seus problemas de rejeição, portanto, de certa maneira, o homem errado foi o homem perfeito para promover essa cura.

Em relacionamentos íntimos, em geral as pessoas têm os mesmos problemas, porém em sentidos inversos. Se você tem dificuldade para amar, atrairá alguém com a mesma dificuldade. Se seu problema é com poder, seu parceiro terá o mesmo problema, embora os aspectos possam ser diferentes. Além do mais, isso pode não ser tão perceptível.

Se uma pessoa é autoritária porque não se sente poderosa, o parceiro pode adotar uma atitude submissa por medo de manifestar o próprio poder. Um casal pode ter problemas com dependência química, mas enquanto um é viciado, o outro pode ser codependente ou seu salvador. Se a dificuldade de ambos for o medo, enquanto um lida com a situação manifestando ousadia e coragem, o outro mostra timidez e não decide nada. Os semelhantes muitas vezes se atraem, mas com tendências "opostas". Em outras palavras, em qualquer relacionamento, um parceiro prepara as panquecas e o outro as come.

Isso quer dizer que, quase sempre, quando existe um problema, um parceiro quer dialogar e resolver a questão, enquanto o outro prefere deixar a poeira baixar e o problema se resolver sozinho. O mais confrontador se exaspera e insiste, e sua recusa em discutir o problema leva o outro a fazer o mesmo. Os dois acham que o outro tem um problema que não consegue gerenciar. Contudo, na realidade cada um é perfeito para o outro naquele momento daquele relacionamento.

O ausente e o carente

Outro exemplo de jogo entre parceiros é conhecido como "o ausente e o carente". Enquanto muitas pessoas se sentem abandonadas, outras não conseguem lidar com autoridade. Não surpreende saber que um parceiro é filho de pais ausentes enquanto o outro teve pais controladores. Ao crescer, um se torna arredio e o outro revela carência. Também não surpreende que esses dois estejam juntos na vida adulta. Essa proposta pode parecer exagerada, mas muita gente tem um pouco dos dois tipos dentro de si.

Enquanto o indivíduo negligenciado pelos pais (carente) muitas vezes teme ser abandonado pelo parceiro, aquele que foi muito reprimido tem medo de ser controlado no relacionamento. Como o Universo une magicamente essas duas pessoas para que se ajudem na cura desses problemas, os carentes acabam por aprender a não se negligenciar, enquanto os que foram muito reprimidos precisam se sentir confiantes de que ninguém pode controlá-los.

As pessoas com aversão a controle costumam se irritar com os parceiros e se isolar, o que naturalmente complica o medo que os parceiros têm de ser abandonados. No entanto, o fato é que os primeiros não estão sendo controlados. Eles simplesmente são escravos do próprio passado, que continua a controlá-los. Quando esses indivíduos se sentem pressionados em uma discussão, geralmente estão revivendo o passado, portanto, é verdade que estão sendo controlados, mas não pelo parceiro, e sim pelo seu passado.

Algumas afirmações podem ajudar:

Ninguém pode me controlar; só eu mando em mim.
Quando me sinto reprimido, deixo o passado para trás,
com amor, e mergulho no momento presente.
Sou livre para fazer o que quiser.
A escolha é sempre minha.

Quem tem dificuldade em aceitar autoridade pode se curar ao reconhecer a própria liberdade e entender que causa e efeito existem para toda experiência, mas não são criadas pelo parceiro. Esses indivíduos são livres para se relacionar com outras pessoas, mas o resultado pode ser um relacionamento que não vai adiante. Eles podem contestar a expectativa do parceiro de ser prioridade no relacionamento, mas com isso, igualmente, eles talvez não sejam prioridade, o que pode não ser muito agradável.

Tudo isso vale também para a pessoa carente. Quando se sentem negligenciados, os indivíduos carentes buscam apoio nos outros, o que automaticamente desperta o problema do parceiro com ser controlado. Quando está se sentindo abandonado, o carente também está vivendo no passado. Se ele deixar essa questão definir o relacionamento, automaticamente vai se sentir desprezado, mesmo que o outro tenha a maior dedicação.

Algumas afirmações úteis nesse caso:

Só quem pode me abandonar de verdade sou eu mesmo.
Eu estou sempre do meu lado.
O Universo me ama e cuida de mim.

Pessoas ausentes e carentes são arquétipos comuns. O fato é que todo relacionamento foi programado à perfeição para promover a cura. Quando um relacionamento termina e nos entregamos à dor, podemos receber a cura e amadurecer ou podemos permanecer estagnados. O relacionamento acabou, portanto, é natural sofrer. Mas pare um instante e pense no que você aprendeu, para poder colher os frutos desse conhecimento. Caso contrário, você repetirá o mesmo jogo com outra pessoa.

Descobrindo as dádivas de um relacionamento

Barbara era terapeuta quando conheceu Craig, que trabalhava em vendas. Ela tinha 30 e muitos anos e ele era um pouco mais velho. Ele era funcionário de uma grande empresa, mas também dava consultas de astrologia nas horas vagas. Ela adorava o fato de ele ser um pouco estranho e querer levar uma vida diferente. Craig almejava no futuro ser astrólogo em tempo integral, porque detestava vender para as pessoas coisas que elas não queriam e de que não precisavam. Ele só trabalhava com vendas porque essa fora a profissão de seu pai.

Barbara, por sua vez, tinha uma mente muito aberta. Seus longos cabelos louros pareciam atrair a luz do sol. Craig invejava a vida de Barbara porque, segundo ele, a dela era em cores, enquanto a dele era cinza. Ele dirigia o carro da empresa, e ela gostava da estabilidade profissional dele, da garantia de um contracheque toda semana.

Mas Craig estava insatisfeito com a própria vida e determinado a encontrar uma saída de seu mundo e uma entrada para o mundo dela. Barbara sugeriu que ele iniciasse essa jornada encontrando um mestre espiritual. O mestre que ele encontrou foi um nativo americano que fumava cigarros de cravo, o que levou Craig a também fumá-los. Barbara ficou chocada: ela era contra o tabagismo e não podia aceitar que ele tivesse decidido fumar. Quando ela proibiu cigarros dentro de casa, Craig alegou que tinha o direito de fumar no escritório. Os dois chegaram a um acordo conciliatório.

Ele também decidiu que não queria mais um emprego regular, pensando que sair do mundo corporativo certamente o ajudaria a progredir no mundo criativo. Craig acreditava que a empresa estava sugando toda a sua energia, portanto pediu demissão, abrindo mão do carro da empresa e do salário. Ele queria ganhar a vida como astrólogo, mas apesar de ter preparado tudo, os clientes não apareceram.

"Como você pretende montar seu negócio?", perguntou Barbara.

Ele não tinha uma resposta definida. Achava que O Espírito traria os clientes, que sua carreira deslancharia por si mesma. Ele também achava que não necessitava de bens materiais. Afinal, se precisasse ir a algum lugar, poderia usar o carro de Barbara. Ela, no entanto, detestava o fato de agora ser responsável por garantir o meio de transporte dele.

No dia seguinte à madrugada que passou acordado lendo as efemérides, Craig anunciou: "Segundo os astros, só vou começar a ganhar dinheiro a partir do final do ano que vem. Acho que vou precisar pegar seu dinheiro emprestado até lá."

Ele não pediu, apenas informou o que faria, como se soubesse o futuro. Quando recebeu a fatura do cartão de crédito, foi a gota d'água para Barbara. Sem saber, ela estivera o tempo todo pagando os cigarros de Craig. Financiar o vício dele certamente não estava nos planos de Barbara. Ela saiu, comprou para ele um carro usado por 1.200 dólares e disse: "Aqui está seu presente. Dou a maior força para você correr atrás do seu sonho."

Ele foi embora de má vontade e ela se sentiu traída e abandonada, apesar de tê-lo dispensado. Sentiu que o comportamento dele foi como uma propaganda enganosa. Como terapeuta, Barbara acreditava que o objetivo do relacionamento era permitir que as duas pessoas evoluíssem juntas e não conseguia entender como ela e Craig haviam se distanciado. A busca espiritual dele fez com que ela se sentisse usada e explorada financeiramente. Em seu processo de luto, ela também estava com muita raiva de si mesma por não ter sido firme mais cedo. Ela tinha visto os sinais de que a relação estava tomando uma direção inaceitável, mas não lhes deu atenção. Também deu muita liberdade ao parceiro porque não queria prejudicar a jornada espiritual que ele escolhera.

Depois da separação, ela só conseguia pensar: *Como fui idiota*. Torturava-se, perguntando: *Até onde vai minha estupidez?* Ela passou a gastar muita energia lamentando os erros cometidos, até que uma amiga interveio: "Você precisa parar com isso, Barbara. Você não é uma tola, mas está se enxergando como inepta na vida e nos relacionamentos."

Barbara percebeu que seu conceito de duas pessoas crescerem juntas era só parcialmente correto. Em última análise, juntas ou separadas, as pessoas crescem de qualquer maneira. No entanto, tanto como terapeuta quanto como ser espiritualizado, ela cometeu o erro de pensar que crescer sempre implica evoluir para uma convergência mútua, em vez de cada um evoluir na direção do maior benefício para os dois. Finalmente, ela foi capaz de ver que seus relacionamentos eram comandados pelo medo, especialmente pelo medo de ficar só e de ser abandonada pelo parceiro. Quando conseguiu aceitar o conceito de que tudo dera errado e de que Craig tinha sido o homem errado, Barbara entendeu as lições. Começou a compreender que até mesmo possíveis erros ainda podiam trazer ensinamentos para ela. E também a diferença entre conseguir o que se "quer" e deixar acontecer o que atende a um propósito maior. Ela agora tenta viver de acordo com as seguintes afirmações:

O amor dirige todos os meus relacionamentos.
Todos os meus relacionamentos evoluem para meu maior benefício.
Tudo corre bem em meus relacionamentos.
A pessoa com quem vivo tem dádivas para me oferecer.

Anos depois, Barbara e Craig se reencontraram no Facebook. Ela havia se formado em psicologia e tinha seu próprio consultório. Craig estava preparando os clientes para sobreviverem ao fim do mundo, que, segundo ele, teria sido em 2012. Ao fazer uma retrospectiva do que as vidas deles tinham em comum, Barbara viu claramente que não era para ficarem juntos para sempre. O relacionamento aconteceu para que ela pudesse ver o mundo dele, ele pudesse ver o mundo dela, e cada um dos dois pudesse seguir na direção de seu destino pessoal. Ninguém fracassou. Relacionamentos são assim mesmo, apesar de nós tentarmos desesperadamente torná-los diferentes, mais profundos ou mais gratificantes.

Depois da separação, algumas vezes procuramos um novo amor, portanto lembre-se de que, quando você estiver pronto para uma nova lição, o instrutor aparecerá. Quando chegar sua hora de iniciar um novo relacionamento, "alguém" vai aparecer.

Para muitas pessoas, surgem dificuldades quando elas se concentram em alguém por quem sentem atração. Elas acham que estão apaixonadas por aquela pessoa ou ficam simplesmente fascinadas. Porém, em alguns casos o amor e os sentimentos não são retribuídos. Lembre-se de que sempre temos escolha. Podemos continuar a correr atrás da pessoa desejada ou podemos soltá-la amorosamente para o Universo.

Visão de contos de fadas

Nos filmes, quando o personagem principal se apaixona por alguém que não sente o mesmo, ele ou ela continua tentando conquistar o amor não retribuído. No fim do filme, o objeto da afeição se dá conta de que o personagem principal é a pessoa ideal — geralmente em um grande evento público e em trajes de gala. Na vida real, quase sempre o outro diz "Não, obrigado" ou "Desculpa, mas você não faz meu tipo".

O que você pensa sobre essa situação? *Ela não me quer, mas um dia vai querer. Vou fazer ele me amar*, ou ainda, *Um dia ele vai ser meu.* Você é capaz de simplesmente aceitar a verdade? Por que deixar sua visão de conto de fadas dirigir a situação? Esse é um momento em que você está tentando de tudo, mas, na verdade, deveria estar sofrendo. Será que você consegue sofrer completamente pela rejeição e então seguir adiante? Por que correr atrás de alguém que não quer estar com você? Para que sobrecarregar sua consciência com esse tipo de carência?

Em vez disso, use as seguintes afirmações:

Alguém que me ama está a caminho.
A pessoa certa para mim vai me reconhecer.
Não tenho que convencer ninguém a me
amar. A pessoa certa vai me amar.

A dor que sentimos no final de um relacionamento às vezes é uma visão equivocada de que nada deu certo e que a vida vai mal. É claro que depois de uma separação a solidão dói, mas deixar que sua mente pense apenas na solidão vai deixá-lo ainda mais infeliz. Reconheça a presença dela e prepare sua consciência para receber pensamentos mais positivos.

Olhe para sua dor e se pergunte: *Se tudo está acontecendo como deveria, o que mais estou sentindo?*

Se conseguir se distanciar da dor da perda, você poderá cair em um buraco interior causado por uma ferida antiga e finalmente se livrar dela. Por trás do sofrimento talvez você descubra uma reincidência do sentimento de abandono — talvez o descaso de seus pais quando você era criança, ou a rejeição de seu primeiro amor. A cura dessas feridas não garante que seu próximo relacionamento vá dar certo. Mas é possível que você tenha uma visão clara de que, na realidade, relacionamentos errados não existem. Se estiver achando que terminar um relacionamento é extremamente difícil, saiba que você não é o único. A maioria das pessoas sabe como começar e terminar relacionamentos, mas poucas aprendem a completá-los.

Todo relacionamento acontece para sua cura. Sofrer depois de uma separação abre uma janela para curarmos feridas e começarmos de novo. Todo relacionamento nos dá uma oportunidade de encarar o medo e a raiva. Porém, o mais importante é que eles nos permitem chegar mais perto da verdadeira cura e do verdadeiro amor.

No fim das contas, com suas forças misteriosas e magníficas, os relacionamentos são nossos guias e nos ensinam a amar e respeitar uns aos outros, assim como a nós mesmos. Talvez eles nunca produzam a exaltação emocional duradoura que desejamos, mas no período de sofrimento que se segue a uma separação vemos que não somos deficientes ou incompletos, e o resultado pode ser uma cura. Abandonamos nossas motivações mundanas nos relacionamentos amorosos e deixamos de lado as dúvidas sobre quem vai nos amar e por quanto tempo. Transcendemos todas as separações para encontrar um amor mágico e divino, criado exatamente para nós por uma força maior.

Muitas vezes um relacionamento não corresponde às nossas expectativas. Então é fácil presumir que a pessoa ou o relacionamento está errado! Dizemos que foi um desperdício de tempo, mas não existe desperdício no Universo.

Se o Universo tivesse mandado para você alguém maravilhoso e cheio de amor, mas sua consciência não estivesse preparada para isso, a pessoa simplesmente não seria certa para você naquele momento. O indivíduo — ou o relacionamento, ou a situação — diante de você nesse exato momento foi divinamente pensado para sua cura. Quando você aceitar que aquela é a pessoa certa para esse momento de sua vida, estará plantando as sementes sagradas que irão curá-lo de maneiras que você nem pode imaginar.

O Universo me envia as pessoas perfeitas
para as lições perfeitas.
Meu destino é ser feliz.
Todas as pessoas e situações estão me levando
na direção do que é melhor para mim.

Encontrando o amor dentro de nós

É provável que você já tenha ouvido muito sobre autoestima — a ideia de que o maior amor por você está dentro de si. Portanto, gostaríamos de dedicar algum tempo a entender como a autoestima opera e com que objetivo.

Você também pode achar estranho falarmos de amor próprio em um capítulo que trata da dor de perder alguém em uma separação. A tristeza e a solidão precisam ser admitidas e respeitadas, mas por trás delas existe um vazio imenso, muito maior do que a ausência deixada pela outra pessoa. Esse vazio costuma causar tanta dor quanto o fato de perder quem amamos, ou mais. A causa desse vácuo não é a ausência da outra pessoa, mas a falta de autoestima.

Imagine que temos um grande reservatório: quando ele está vazio e surge alguém para enchê-lo de afeto e carinho, temos uma sensação maravilhosa de que o amor chegou à nossa vida. Contudo, também sentimos uma carência enorme, porque o nível do reservatório sobe e desce drasticamente com os altos e baixos do relacionamento. Então, quando aquela pessoa vai embora, não sobra nada, e esse tipo de vazio é arrasador.

Mas e se tivéssemos nossa própria reserva de amor? Ou seja, e se a chegada de alguém a nossa vida simplesmente aumentasse essa reserva? Que diferença isso faria em seus relacionamentos? O sofrimento é um medidor que nos permite avaliar como estamos nessa área.

Naomi conheceu Gary, um homem muito interessante, em um evento para solteiros. Ela achou ótimo tê-lo conhecido nessas circunstâncias porque não havia dúvida de que ele estava procurando alguém: o objetivo do evento era esse. Eles tiveram vários encontros durante três semanas e Naomi estava gostando de conhecer Gary. Ela não esperava que aquilo fosse durar para sempre. Estava apenas desfrutando o tempo que passavam juntos.

Eles encontraram alguns amigos de Naomi no cinema certo dia e foram convidados para ir dançar no sábado à noite. Eles combinaram de se encontrar em uma casa noturna e todos se divertiram muito. Uma hora, o outro casal começou a tirar fotos com o celular. Primeiro pediram a Naomi para fotografá-los. Depois Naomi pegou o próprio celular e se fotografou com Gary.

Enquanto posavam, o rapaz a abraçou carinhosamente e de repente ela sentiu uma onda de amor. A amiga dela disse "mais uma foto só por garantia" e Naomi se derreteu nos braços de Gary.

Na manhã seguinte, ela mostrou as fotos para as amigas, que comentaram: "Parece que vocês dois estavam em uma ótima!" A moça pensou no amor que sentiu ao ser abraçada e constatou como sua percepção era diferente do que teria sentido dez anos antes. Naquela época, ela teria dito: "Nunca senti tanto amor quanto na noite passada. Gary é incrível. Ele deve ser o homem da minha vida."

Nos dez anos anteriores ela havia trabalhado tanto a percepção de si mesma que já não acreditava na hipótese de Gary ter um amor sem igual que só se manifestava com ela. Ela sabia que de alguma maneira ele despertara o amor que já existia dentro dela. Não foi o abraço *dele* a causa da onda de amor entre eles. Pelo contrário, ela havia tomado a decisão inconsciente de sentir todo aquele amor. Depois de três semanas de convívio, ela também sabia que Gary era um cara maravilhoso, mas não podia afirmar com toda honestidade que ele era o grande amor de sua vida.

Agora talvez você esteja especulando se o relacionamento prosseguiu. Os dois continuaram namorando e ela poderia acrescentar que era um namoro saudável. Ela sabia que tinha evitado uma armadilha perigosa, característica de seu antigo padrão de pensamento. No passado, ela acreditaria ter encontrado o melhor homem do mundo, a única criatura que possuía a chave do amor mais profundo que ela poderia sentir. Teria sentido enorme necessidade do amor que só ele seria capaz de irradiar... Naquele momento, no entanto, ela era mais sábia.

A moral dessa história pode parecer um clichê, mas ninguém é a fonte ou tem a chave do amor verdadeiro. Ele está sempre dentro de nós, e somos nós que decidimos, consciente ou inconscientemente, se vamos nos permitir alcançá-lo. Quando estamos sofrendo, é fácil acreditar que o amor foi embora com o outro e que agora estamos sozinhos. Mas estamos aqui para lembrar-lhe, neste momento de perda, que o amor que você compartilhou ainda está em seu interior, pronto e à espera. A próxima pessoa em sua vida não vai descobri-lo para você, mas você pode experimentá-lo sempre que se abrir e se tornar realmente acessível a ele.

Todo o amor de que preciso está dentro de mim.
Outras pessoas me fazem lembrar do profundo
amor que já tenho dentro de mim.

Curando o passado

Nossa mente costuma estar em guerra consigo mesma. Ela usa as pessoas e as situações ao nosso redor para encenar em 3D nossas lutas internas. Nos momentos de luto, podemos olhar para o passado e analisar nossos padrões de pensamento, mas, como já mencionamos, olhar para trás e ficar revivendo o passado é doloroso e improdutivo.

Se você tiver a coragem necessária para examinar o passado sem acusações, críticas ou reprovação, poderá entender como pensa e o que essa maneira de pensar revela. Pode encontrar pistas sobre os fundamentos de seu comportamento. Dessa maneira o sofrimento pode abrir uma janela para que você não só veja porque seu relacionamento terminou, mas também entenda qual foi o modo de pensar que originou o próprio relacionamento.

A próxima história é a de Sandy, que teve a coragem de examinar o passado com a imparcialidade de um observador. Ela percebeu que sempre foi infeliz. "Eu gostaria de poder dizer que nasci assim, o que é improvável, mas o fato é que, por algum motivo, nunca fui uma criança feliz."

Pela vida afora, Sandy sempre se sentiu vítima, e inconscientemente manteve um padrão de relacionamentos doentios seguidos por longos períodos de sofrimento. Por exemplo, quando tinha 28 anos, ela se separou de Ben (que não aceitava ser chamado de namorado).

Sandy sabia que era considerada bonita de acordo com os padrões da sociedade. Além de ser alta, atlética, divertida e inteligente, cultivava interesses culturais diversos. Mesmo sem ajuda do ego, ela podia ver que era "um partidão". Mas tudo mudou quando ela conheceu Ben. De repente, passou a se achar "sem graça, pouco atraente e sem valor." Chegou a acreditar que nunca seria feliz nem encontraria um amor. Se encontrasse, seria por pouco tempo, e a felicidade acabaria em sofrimento.

Ela recorda: "Eu me sentia fracassada. Me separei de Ben porque ele já tinha conhecido outra mulher e estava louco por ela — alguém que ele queria chamar de 'namorada' e com quem queria fazer coisas que nunca quis fazer comigo." Sandy se convenceu de que a vida estava lhe mostrando que ela, de fato, não era boa o bastante. "Chorei dia após dia, semana após semana, tentando entender onde tinha errado. Queria saber por que Deus ou o Universo precisavam me castigar o tempo todo. Eu não merecia amor e felicidade, como as outras pessoas? Era tão diferente?

Fiquei tão mal que minha atitude negativa quase me custou o emprego."

Então a questão foi ficando clara para ela. Sandy viu que, por critérios de aparência externa, ela era muito atraente — mas internamente ela se sentia vazia, negativa e carente. Ela constatou: *Nem eu ia querer me namorar. Eu não gostaria de ficar com alguém que, apesar de tanto potencial, tem tão pouca autoestima, não gosta de si mesma e não tem autoconfiança. Se nem eu ia me querer, quem iria?*

Ela percebeu que estava mais do que na hora de se tornar quem queria ser, ou melhor, quem já era. Ela encontrou várias versões de uma mesma afirmação, que passou a repetir diariamente:

Eu me amo.
Eu me perdoo.
Liberto-me completamente de todas
as experiências passadas.
Estou livre.

Ela decidiu simular essa condição até ser capaz de realizá-la. Sabia que precisava ter a atitude de uma pessoa afetuosa. Percebeu que isso era melhor do que personificar seus velhos pensamentos negativos. É similar ao que dizem os Alcoólicos Anônimos: "É mais fácil adotar um comportamento até pensar de uma nova maneira do que adotar um modo de pensar para mudar de comportamento." Essa afirmativa fazia todo sentido para ela, que não estava convencida de ser no fundo essa pessoa maravilhosa.

Quando começou a prestar atenção em sua maneira negativa de pensar, trocando-a por mais positividade, dois momentos se destacaram em sua mente. No primeiro, ela estava em um encontro com um rapaz e se perguntou: *O que eu diria agora se fosse autoconfiante?*

Sandy ficou surpresa com a facilidade com que as coisas aconteceram. O rapaz estava olhando nos olhos dela e falou sem pensar: "Você tem uma autoconfiança fantástica!"

Ela recorda: "De repente, vi que ele estava certo. Existe um fundo de verdade, mesmo quando estamos fingindo!"

Aos 29 anos, Sandy conquistou um nível de segurança que jamais conhecera. Ela não percebeu quando cruzou a barreira invisível entre fingir e sentir de fato, mas sabia que alguma coisa havia mudado. Antes achava que o que dizem sobre simular até conseguir realizar se referia a fingir um sentimento. Não tinha consciência de que era para fazer algo até que a mente, o corpo e o espírito estivessem em sincronia com uma crença que já existia dentro de nós, talvez muito enterrada ou escondida. Mas entendeu que estava condicionando o corpo e a mente para que entrassem em sintonia com as verdades dela própria.

O segundo momento aconteceu pouco depois da virada do ano. Sandy sabia que precisava mudar muita coisa em si e decidiu que sua resolução de Ano Novo não envolveria conhecer lugares novos ou fazer coisas diferentes, mas diria respeito a com quem ela queria sair. Ela se propôs: *Quero ser autoconfiante, amorosa e feliz.*

Ela se visualizava como alguém que caminha pela rua com um grande sorriso no rosto que se irradia para os outros, que por sua vez retribuiriam com um sorriso ainda maior e seguiriam seus caminhos com energia renovada.

Todas as suas tentativas anteriores de encontrar a aprovação em fontes externas (namorados, empregos e amigos) tinham saído pela culatra e agora ela entendia que precisava encontrar aprovação primeiro dentro de si. Com um impulso para mudar de atitude, ela escreveu em uma folha de papel:

Eu me amo e me aprovo.
Tenho valor.

Sandy colou o papel no espelho do banheiro para que fosse a primeira coisa que visse ao acordar. Ela repetia as afirmações enquanto escovava os dentes e se maquiava. Aquelas frases continuavam ecoando em sua cabeça e em seu subconsciente:

Eu me amo e me aprovo. Tenho valor.

Sandy começou essa prática no dia 1º de janeiro de 2012, mas algum tempo depois percebeu que podia dispensar a folha de papel. Já não precisava ver aquelas palavras porque elas eram repetidas automaticamente em sua cabeça todo dia, o tempo inteiro. Um ano depois, no primeiro dia de 2013, ela se olhou no espelho, riu e disse:

Eu te amo.
Eu te amo demais!

"Eu realmente sentia aquilo", disse ela. "Pela primeira vez na vida consegui olhar meu rosto no espelho e saber que realmente me amava. Para quem passou a vida se detestando, é um sentimento mágico, que não dá para descrever. Sei que ainda há muito a fazer e muito amor para dar a mim mesma e a outros, mas senti que sou capaz de ter amor por mim, e tem sido incrível atrair para minha vida pessoas melhores e mais carinhosas.

Meus amigos observaram uma mudança neste ano e dizem que nunca me viram tão feliz."

Recentemente, Sandy começou a dividir a casa com Ellen, que a lembra muito a Sandy do passado: cheia de inseguranças e autocrítica, sempre procurando uma fonte externa de amor e felicidade. Chamando a atenção de Ellen para as coisas horríveis que ela dizia sobre si mesma, Sandy contou à colega de quarto como tinha trocado os pensamentos negativos por afirmações positivas que realmente ajudavam.

Ellen respondeu "Sim, sim, é uma boa ideia", mas nunca procurou seguir o conselho. Depois de alguns meses ouvindo a colega se maltratar sem piedade, Sandy fez uma nova tentativa, mas viu que Ellen simplesmente não conseguia seguir aquela recomendação. Ellen parecia tão perdida que Sandy pegou uma folha de papel e uma caneta, escreveu algumas afirmações positivas e entregou o papel à amiga. Quando leu o que estava escrito, Ellen começou a chorar.

"Por que você está chorando?"

"Porque nada disso é verdade", respondeu Ellen. "Eu não me aprovo. Eu não me amo."

Sandy sorriu e disse a ela: "É por isso que chamamos essas frases de afirmações. Por que você não finge que é verdade até sentir de fato o que elas dizem?" Sandy tinha descoberto que, apesar de adorar o sentimento de amar alguém, gostava ainda mais de ter amor por si mesma e tentou explicar isso para a amiga.

No final desse processo, Sandy concluiu que ganhava forças ao oferecer a Ellen mais opções positivas, e que seu verdadeiro poder vinha de agir dessa maneira e servir de modelo para os outros. Ela passou a acreditar que, a partir dali, *Quando um homem surgir, ele acrescentará muito à minha vida, mas não a definirá.*

Amor incondicional por si

Shelly estava em um relacionamento com Bill havia quatro anos. Durante muito tempo ela sentiu que eles não estavam bem, mas tinha muito medo de terminar a relação. O tempo todo ela pensava que, se fosse embora, nunca mais encontraria alguém. Enquanto procurava de todas as maneiras conquistar o amor de Bill, muitas vezes se sentiu deprimida e desanimada porque no fundo sabia que aquele era um sonho impossível. Ela fez tudo o que pôde, inclusive comprar presentes caros para ele, mas sua dedicação nunca era retribuída. Ela estava convencida de que ele realmente não a amava.

Certa noite, exausta de inutilmente tentar ser a namorada perfeita, a interlocutora perfeita, a perfeição mais absoluta, tudo para ele, Shelly se sentou no chão do banheiro e chorou de desespero, pensando: *Não estou à altura dele, não mereço ser amada. Se eu o deixar, vou ficar sozinha para sempre.* Mesmo chorando no chão do banheiro, no fundo ela sabia que não estava sendo honesta consigo mesma.

Quando se levantou e se olhou no espelho, viu seu sofrimento e seu desespero e sentiu o coração cheio de piedade pela própria imagem. *Tenho que ajudar essa mulher do espelho*, pensou. Aquele foi o primeiro pensamento gentil e amoroso que teve por si mesma em muitos anos. Pouco tempo depois, ela criou coragem e terminou com Bill.

No início, arrasada e ainda mais desesperada do que antes, Shelly pediu ajuda a uma amiga, que lhe deu um livro de afirmações. Ela chorou a cada página lida porque as afirmações eram o oposto das coisas cruéis que vinha pensando sobre si. Ela percebeu que não tinha sido maltratada apenas pelo namorado, mas também por *ela mesma*. Shelly voltou para a frente do mesmo espelho do banheiro, olhou a própria imagem e disse: "Eu te amo."

No início aquilo soava estranho, mas também parecia correto, portanto ela continuou. Logo percebeu que, quanto mais trabalhava com afirmações ao espelho, mais se distanciava de sua antiga maneira de pensar. Por fim, ela realmente sentiu que se amava em quaisquer circunstâncias, o que se tornou um mantra repetido frequentemente nos primeiros três meses:

Eu me amo, haja o que houver.

Aquela afirmação era perfeita para Shelly, porque ela sabia que sua mente podia distorcer a afirmação, transformando-a em "Eu me amaria se não estivesse ficando tão velha!", ou "Eu me amaria se não fosse um fracasso em relacionamentos". Acrescentar a expressão "haja o que houver" fez toda a diferença no caso dela, mostrando-lhe que era capaz de ser amada e amar ao mesmo tempo. Ela ficou surpresa ao ver como esse trabalho interno, aparentemente tão simples e sem importância, pôde transformar sua vida. Shelly lembrava-se de todas as suas autocríticas por parecer velha, mas não tentou se convencer de que era jovem ou parecia jovem. Isso seria errado, porque seria afirmar a existência de uma idade melhor do que a sua idade atual. Em vez disso, parou de dar atenção à crítica interna e passou a usar a afirmação:

Meu espírito é jovem.
Minha expectativa para a vida é sempre cheia de energia.

Um dia as pessoas começaram a lhe dizer como ela estava radiante, e ela também percebeu uma grande mudança em sua vida, para melhor: realmente se sentia radiante! Às vezes, porém, quando ficava com medo do progresso realizado ou quando as dúvidas surgiam, ela afirmava:

Eu me amo, haja o que houver.
Mesmo com medo, eu me amo.
Mesmo quando penso que minha vida
está boa demais, ainda me amo.

Combater os pensamentos negativos continua a ser um desafio, mas Shelly descobriu a alegria de acordar pela manhã com uma atitude positiva, vendo o próprio corpo como uma criação maravilhosa e sem se preocupar se ele está mais magro ou mais gordo. E isso foi uma revelação incrível! Ela descobriu que, mesmo quando saía sozinha, não sentia solidão, porque as expressões positivas que repetia durante o dia eram companheiras fiéis. Ela distribuiu cartões e lembretes pela casa e no carro com frases como:

Minha vida é muito boa.
Sou sempre grata por minha vida, haja o que houver.
Amo a vida e a vida me ama.

No fim, ela reconheceu que se separar de Bill lhe fez muito bem, porque quando ficou sem ninguém ganhou um presente muito mais valioso do que poderia ganhar de outra pessoa: o amor próprio.

Uma das maneiras mais rápidas de alimentar o amor próprio e a autoestima é trabalhar diante do espelho. Aqui está a receita: fique diante de um espelho pequeno e olhe para si. Se sentir qualquer resistência, lembre-se de que essa reação vem da sua parte que não se considera digna de ser amada. Apesar da relutância, olhe-se no espelho e diga:

> *Eu te amo.*
> *Eu vou cuidar bem de você.*
> *Eu te amo e te aceito do jeito que você é.*

Faça-se o favor de praticar esse exercício toda manhã, ao acordar, e toda noite, antes de dormir. Assuma o compromisso de dizer ou pensar alguma coisa positiva a seu respeito ao longo do dia, cada vez que passar por um espelho:

> *Você está bonita hoje.*
> *Estou feliz de estar com você.*
> *Coisas boas estão a caminho para você.*

Permanecendo do seu lado da quadra

Imagine que seu mundo é uma quadra de tênis e você está jogando com alguém. Você só controla os próprios pensamentos, ações e intenções, não sabe o que o oponente pensa ou pretende fazer. Depois de uma separação ou durante um relacionamento, é muito comum tentarmos elaborar estratégias, controlar o outro ou agir em função das ações do outro. Você precisa trazer seus pensamentos, palavras e atos para o seu lado da quadra.

Você precisa focar no que faz e em como o Universo reage, e tudo isso começa em sua mente.

As afirmações podem nos ajudar a manter pensamentos positivos. Depois de uma separação ou quando o relacionamento vai mal, avalie seus pensamentos. Você pode estar pensando: *Talvez eu não devesse ter me envolvido tanto*, ou, *Ele me tratou mal, mas somos todos humanos e podemos errar*.

Pode parecer mais generoso ou mais espiritual pensar: *Eu devia aceitá-lo como ele é e ser compreensiva*, mas esse tipo de pensamento nem sempre ajuda. Pergunte: *Quando ele estava sendo autêntico, isso trouxe amor, luz e alegria para minha vida? Ou tudo não passou de uma atração momentânea seguida de muito sofrimento?*

Às vezes sua mente lhe diz para manter um relacionamento difícil porque você precisa de alguém que parece amá-lo e querer cuidar de você. Se você pudesse ver seus pensamentos como energia, que tipo de energia você estaria atraindo e aceitando, e quem seria responsável por essa energia? Quando o relacionamento termina, é muito comum ficar obcecado com a outra pessoa: *Será que ela está pensando em mim? Será que sente minha falta? Será que ela está analisando o relacionamento como eu?*

Todos esses pensamentos existem no passado — um passado que provavelmente não aconteceu como você recorda. Procure trazer seus pensamentos e sua energia de volta ao presente. Vá para seu lado da quadra de tênis porque, se todos os seus pensamentos forem sobre outra pessoa, quem estará cuidando da sua vida? Quem estará cuidando de *você*? Provavelmente, o que você queria receber do seu ex era amor e atenção, mas observe como você *não* está se amando. Veja como você *não* está se cuidando e como está dando pouco à própria vida. Quando pensamos obsessivamente sobre outra pessoa, é como se ela estivesse morando em nossa consciência sem pagar aluguel.

Ao refletir sobre o relacionamento com carinho e compaixão, observe como você aceitou menos do que merecia, como se permitiu manter uma ligação com alguém cujo espírito não combina com o seu. Talvez você sinta uma fisgada repentina no coração e diga: "Mas combinava!" Mesmo que isso tenha sido verdade um dia, já deixou de ser neste momento em que você está sentada aí, com o coração partido. Ao seguir adiante, volte seus pensamentos para algo maior. Agradeça ao Universo pela aprendizagem que o relacionamento proporcionou, pois ela está contribuindo para sua cura e trazendo à sua memória quem você realmente é.

Comece a encher sua mente de pensamentos novos e positivos. Em vez de *Ele só* não estava pronto para um relacionamento, tente dizer:

Estou ansiosa por novos relacionamentos.

Em vez de tentar entender por que ele não quis continuar com você, pense:

Eu atraio pessoas que querem ficar comigo.

Lembre-se de que o Universo vai pôr você à prova. Ele pode mandar alguns indivíduos ambivalentes que não sabem se querem estar com você, mas não deixe de ficar firme na afirmação:

Eu atraio pessoas que querem ficar comigo.

Quando estiver sofrendo por uma perda, você pode ter uma visão mais clara do nível da sua autoestima. O diálogo interno fica mais evidente e é possível observar áreas que precisam de atenção. Esse pode ser um excelente momento para curar antigas mentalidades.

Por exemplo, digamos que você vá a um restaurante e peça um sanduíche de atum, mas o garçom traz um cheesebúrguer com bacon. Se sua autoestima for alta, você dirá: "Este sanduíche parece ótimo, mas não foi o que eu pedi. Pedi o de atum." Você deve receber o que pediu, pois lhe trará alegria e a sensação de bem-estar consigo mesmo. No entanto, se sua autoestima for baixa, seu medo de reclamar fará você comer um sanduíche que não pediu.

É o mesmo caso nos relacionamentos. Por que aceitar uma relação que não reflete o que somos e o que queremos? Se seu parceiro não lhe trazia alegria, não peça mais esse tipo de relacionamento. Experimente o seguinte exercício:

Faça uma lista de todas as coisas boas que recebeu do relacionamento. Por exemplo, talvez você tenha recebido amor, companheirismo e boas refeições caseiras. Coloque pelo menos cinco itens em sua lista.

Agora relacione tudo o que queria ter recebido, mas que não recebeu. Por exemplo, talvez não tenha havido compreensão, elogios e estímulo. Essa lista também deve ter pelo menos cinco itens.

Depois de completar as duas listas, releia a primeira e faça por si aquelas coisas. Depois releia a segunda lista e mande espiritualmente para seu ex tudo o que você gostaria de ter recebido. Por exemplo, se em sua segunda lista você anotou que não tinha uma vida sexual satisfatória, deseje para seu ex uma vida sexual gratificante no futuro.

Quando ele surgir em sua mente, lhe mande amor e lhe deseje felicidades. Quando sua mente for para o lado dele da quadra de tênis e você começar a pensar no papel que ele desempenhou no relacionamento, lembre-se de que está do lado errado da quadra e diga: "Com amor, curo meu papel no relacionamento."

Quando constatar que ele está retomando a própria vida, lembre-se de que você deve zelar carinhosamente pela sua vida e não pela dele. Concentre-se no que pode fazer para beneficiar mais seu relacionamento consigo mesma. Em vez de investir energia na falta de conexão com seu antigo companheiro, que tal trazer mais amor e compaixão para seu relacionamento com os amigos e a família? Experimente a seguinte afirmação:

*Hoje trago amor para minha vida
e para a vida de todos que encontrar.*

Faça imediatamente uma revisão do passado para se conhecer melhor e aprender mais sobre suas aspirações no presente. Às vezes, refletir sobre o que deu certo e o que não deu é uma maneira de descobrir o que você quer e o que não quer em um relacionamento. Talvez não lhe agrade um parceiro que não tem tempo para você. Ou talvez você não goste de ficar em casa o tempo todo porque é uma pessoa sociável e o seu parceiro, não. Talvez você goste de ficar em dia com as notícias e é provável que não se sinta bem com alguém que não tem o menor interesse no que acontece no mundo.

Tente se distanciar um pouco da situação para vê-la com clareza e entender que todos os relacionamentos são instrumentos de cura. Se não evoluirmos no relacionamento, ele será triste e inútil, e sentiremos um vazio terrível. No entanto, se pudermos ver que aquela pessoa entrou em nossa vida para nos levar ao próximo nível, veremos que o Universo em que vivemos está sempre conspirando a nosso favor.

Para receber a cura, repita a afirmação:

> *Meu relacionamento passado está
> completo e aceito a cura.*

As afirmações seguintes podem ajudá-lo a chegar no próximo nível:

> *Atraio relacionamentos gratificantes e prazerosos.
> Se me encontro em um relacionamento que não
> é gratificante, eu o devolvo ao Universo.*

Quando você lamenta a perda de um relacionamento e procura meios de se curar, descobre que pode se tornar a pessoa que realmente deve ser. O luto promove crescimento e pode criar um novo alicerce, sobre o qual você possivelmente receberá benefícios ainda maiores do Universo.

∗ ∗ ∗

Uma das lições importantes de um relacionamento é que não podemos dar o que não temos. Você não é capaz de receber amor se não acredita que merece ser amado. É por essa razão que o crescimento é um trabalho interno. O amor mais fantástico pode chegar à sua vida, mas você será incapaz de recebê-lo se achar que não o merece. Você pode pensar que o problema está sempre na outra pessoa, mas, em última análise, a capacidade de dar e receber amor reside unicamente dentro de nós.

Esperamos que você tenha começado a examinar sua maneira de pensar sobre relacionamentos. Veja como a perda pode levá-lo a examinar a dinâmica de suas interações amorosas. Pode parar de julgar seu passado como um erro e começar a entender que o relacionamento o levou a um novo ponto de partida. No amor não existe pessoa errada. Só existem instrutores perfeitos. Se seu relacionamento estiver um desastre, sua única saída é colocar a máscara de oxigênio e cuidar primeiro de si. Trate-se com carinho e amor.

No próximo capítulo vamos prosseguir nossa jornada de cura estudando outra forma de perda afetiva: o casamento que acaba em divórcio.

3
UM DIVÓRCIO DIFERENTE

Muita gente pensa que o casamento fracassou se ele não tiver sido eterno. Assim como alguns só consideram completa uma vida de 95 anos, muitos acreditam que os únicos casamentos bem-sucedidos e completos são os que duram "até que a morte nos separe". O fato é que casamentos de qualquer duração são um sucesso e promovem a cura dos cônjuges, desde que tenham cumprido seus objetivos. Quando deixam de ser necessários, estão completos e foram bem-sucedidos. Sim, nós sabemos que considerar vitorioso um casamento acabado em divórcio é uma afirmativa radical e inusitada.

É fato da vida: a felicidade não depende de que os relacionamentos mudem para melhor. Em geral, quando o casamento acaba, duas pessoas encararam a realidade de que não são capazes de mudar o outro. Ambos podem ter tentado mudar o cônjuge para fazer o casamento dar certo, mas depois do divórcio entendem que isso simplesmente não acontece.

Quando chegamos a essa conclusão, paramos de perguntar "E se ela nunca mudar?", e começamos a pensar: "E se não era para ela mudar? E se nós tivéssemos que passar pelo divórcio?" Além disso, se queremos ser nós mesmos, não devemos dar o mesmo direito a nosso cônjuge, mesmo que isso leve ao fim do casamento?

Depois de um divórcio, é preciso se perguntar: *O amor que dei e recebi não terá sido condicionado pela minha definição de amor quando criança? Meus pais costumavam brigar? Eles se divorciaram? Meu casamento foi realmente um exemplo do tipo de amor que quero dar e receber?* Se você considera o amor uma coisa dolorosa, complicada, às vezes cruel, uma disputa de poder, é fundamental descobrir por que pensa assim.

Em geral, decidimos a pessoa com quem queremos nos casar com base em escolhas feitas na infância. Não queremos culpar seus pais com essa afirmação. Acredita-se que aos 25 anos já não cabe responsabilizar seus pais por nenhuma de suas atitudes. Contudo, depois de um divórcio, passamos um longo período analisando os prováveis motivos do fracasso do casamento, o que fizemos de errado e assim por diante. Você pode ter a surpresa de olhar para trás e descobrir, para melhor ou para pior, que aprendeu como estar em um relacionamento e em um casamento a partir de suas experiências da infância. Você fez tudo da maneira cem por cento correta porque apenas seguiu o modelo que conheceu enquanto crescia. No entanto, depois de um divórcio, pode escolher um novo destino e uma nova realidade. Seus novos pensamentos podem mudar seu comportamento, da mesma forma que o pensamento distorcido pode mantê-lo preso.

Aidan, um advogado de 34 anos, teve muito sucesso em todos os aspectos de sua vida, exceto no casamento. Em um grupo de apoio para homens divorciados, ele revelou que estava furioso com a própria vida amorosa e achava que ele e a ex-mulher deviam ter continuado juntos. Disse ainda que vinha tentando ser amigo dela desde que se divorciaram, dois anos antes, mas sempre que estavam começando a se entender — compartilhando amizade e carinho — ele acabava falando algo como: "Está vendo? Estou dizendo que devíamos continuar juntos."

A situação era frustrante porque ele interpretava cada bom momento que passavam juntos como um indício de que estavam destinados a se reconciliar. A ex-mulher perguntava: "Por que você não consegue aceitar que o casamento acabou e nós somos apenas amigos?" Para o grupo, ele admitiu que sabia que tudo ficaria bem se conseguisse aceitar o fim do casamento, o que acontecia de vez em quando.

O líder do grupo perguntou: "Nesses momentos em que consegue aceitar o fim do casamento, você sente paz?"

"Eu me conformo, mas não dura muito tempo", respondeu Aidan. "Não é uma sensação de muita paz, e no fim sempre se transforma em uma coisa negativa."

"Vira uma coisa negativa porque, no momento em que você aceita a situação, também pensa: *Será que agora ela vai voltar?*", observou o líder do grupo. "Isso não é aceitação de verdade. É só uma manipulação da sua mente que diz: 'Se eu me conformar, ela vai voltar para mim.'"

Vamos analisar o que Aidan pensa: "Nós *devíamos* estar juntos." Só esse pensamento já contém muitas mensagens negativas, como:

- O Universo não entende a situação.
- A situação não está boa desse jeito.
- Minha mulher não está vivendo como deveria.

- Eu não estou vivendo como deveria.
- O amor não deu certo.
- As coisas não estão acontecendo como deveriam.

Quando examinamos a situação, vemos que Aidan não se permitiu sofrer a perda e não vai curar essa ferida enquanto acreditar que o divórcio não deveria ter acontecido. A negação não é boa para ele. Na verdade, ela só prolonga o estágio de aceitação do processo de luto.

Vemos um exemplo dessa postergação quando ouvimos: "É mais fácil aceitar quando alguém morre do que aceitar quando alguém te larga". Quando alguém morre, o processo de cura chega a um momento em que você alcança a compreensão de que não vai tornar a ver a pessoa no plano terrestre. Ela se foi. No entanto, quando alguém o deixa, ainda está por perto, mas prefere não vê-lo. Seu pensamento distorcido pode dizer: "Nossa relação não precisa acabar. Nós podemos voltar a ficar juntos." No processo de luto, esse tipo de pensamento costuma ser chamado de *negociação* e/ou *pensamento mágico*.

No futuro, a propósito, se Aidan e a ex-mulher estiverem vivos, talvez voltem a ficar juntos. Ninguém sabe o que o futuro reserva, mas sabemos que Aidan nunca vai se curar do sofrimento se não aceitar a realidade do divórcio. Só assim ele poderá superar a perda.

Ele poderia se valer das seguintes afirmações:

O Universo faz tudo certo, inclusive meu divórcio.
Tudo está acontecendo como deve acontecer.
Meu divórcio não restringe minha habilidade
de amar e ser amado.

*Meu divórcio não tem poder sobre meu futuro.
Alguns relacionamentos vão desaparecer
de minha vida e outros vão perdurar.
Estou disposto a vivenciar o amor de
todas as formas existentes.*

O divórcio pode ser uma expressão de cura. Ele pode marcar o fim de um casamento, mas não precisa estagnar ou bloquear sua capacidade de sentir e dar amor. Aidan está tentando processar a perda, mas usa afirmações e pensamentos negativos. Ao processar a dor por meio da negatividade, o resultado será culpa, acusações e a convicção de que o divórcio foi um erro. Mas ele ainda pode mudar de atitude — mesmo que a princípio precise fingir — e incluir em sua vida as afirmações positivas capazes de lhe abrir a alma para proceder à cura necessária.

Às vezes não conseguimos encontrar disposição para pensar de maneira positiva, mas temos que partir de algum lugar. Assim, quando Aidan diz "Minha mulher não entende que devíamos continuar juntos", talvez precise mudar esse pensamento, em vez de combatê-lo:

*Minha mulher não entende que podíamos continuar
juntos. Vou lhe enviar amor e desejarei
uma vida feliz para ela.
Acho que podíamos continuar casados,
mas o Universo é mais sábio do que eu.
Não sei o que pode ou não acontecer. Com amor,
liberto minhas crenças limitadas.
O Universo sempre me leva na direção do bem.*

Aidan tinha uma visão muito clara de como deveria ter sido sua vida, mas precisou aceitar a diferença entre a realidade do que a vida se tornou e o que ele gostaria que ela fosse. Todos temos essas imagens. Alguns chamam isso de expectativas; outros dizem que é a vida mesmo. Independentemente de como chamarmos, precisamos reconhecer que essas imagens e expectativas quase nunca se concretizam. É como diz o ditado: "O homem põe e Deus dispõe."

***

Às vezes as pessoas enfrentam bloqueios externos que as impedem de buscar vida nova depois de um divórcio; muitos desses bloqueios são programados pelos outros, pela sociedade ou até mesmo pelas convicções religiosas.

Sharon é enfermeira e trabalhava em um hospital católico, onde coordenava os serviços da unidade de neurologia. Diariamente, o hospital programava missas em benefício dos pacientes e de suas famílias, mas os funcionários também podiam participar nos períodos de descanso. Sharon geralmente passava a hora do almoço na missa.

Ela e o marido, Paul, estavam casados havia 22 anos quando, de repente, ele pediu o divórcio. Ela resistiu, lembrando ao marido de que eles eram católicos praticantes e deviam encontrar uma maneira de resolver as diferenças. No entanto, apesar do esforço de Sharon, Paul deu andamento no processo de separação. A oposição de Sharon ao divórcio era tão inflexível que ela declarou ao juiz: "Isso é um erro! Nós somos bons católicos e temos que nos reconciliar!"

"Com todo respeito, meritíssimo", retrucou Paul, "quando minha esposa discordou do divórcio, procuramos uma terapia de casal. Fomos à terapia por alguns meses e eu estou aqui declarando que sinto muito, mas não está funcionando. Nossas diferenças são irreconciliáveis."

O juiz concedeu o divórcio. Um ano depois, Sharon ainda repetia para si e para os outros: "Isso nunca deveria ter acontecido. Deus não acredita em divórcio."

Além de sofrer com os aspectos religiosos da situação, Sharon não conseguia curar a perda, pois seu mantra era: *Isso é errado e nunca deveria ter acontecido porque Deus não acredita em divórcio*. As seguintes afirmações teriam sido úteis·

Deus sabe o que é melhor.
Deus pode aceitar meu divórcio.
Deus pode abençoar meu casamento e̱ meu divórcio.

Deus só conhece o amor, portanto, se você se divorciou, saiba que para Ele você não é "divorciada". Deus só nos vê como puro amor. Pense na questão da seguinte maneira: mesmo acreditando que a Igreja e Deus não veem o fim do seu casamento com bons olhos, é provável que você ainda viva por muitas décadas. Como você quer que esses anos sejam? Deseja viver décadas de sofrimento? Décadas de culpa? Décadas de acusações? A escolha é sua. Você pode ter um capítulo triste na vida chamado "divórcio" e seguir em frente para viver décadas de compaixão, felicidade e amor.

Essa era a única escolha realista para Sharon: passar o resto da vida mergulhada em sofrimento e arrependimentos ou dar plena vazão à perda e depois aceitar a ideia de uma história diferente para o resto da existência. É importante escolher bem os pensamentos e só afirmar coisas positivas.

Auto(rre)conhecimento

Aquele era o primeiro Dia das Mães que Jan passava sem o marido Gabe, o que a deixou arrasada. Estava triste e deprimida porque tinha sido trocada por uma mulher mais velha do que ela, o que foi um rude golpe para seu ego. Ela se considerava a esposa perfeita, portanto não podia entender como Gabe tinha sido capaz de fazer isso com ela e o filho deles, Corey, de apenas 4 anos. Ela recorda: "Eu me senti jogada fora, solitária e desvalorizada!"

Enquanto lavava a louça, Jan recordava como o marido costumava tratá-la como uma rainha em feriados como aquele. Ele preparava um café da manhã especial de Dia das Mães e celebrava a data com presentes e passeios. No entanto, naquele ano ela estava sozinha em casa com Corey, lavando louça. Desesperada, Jan se sentou no chão e começou a chorar, planejando acabar com a própria vida e dar fim àquele sofrimento. Nesse momento, Corey entrou na cozinha e tocou-lhe carinhosamente o ombro com suas mãozinhas.

"O que foi?", perguntou ele.

"Não aguento mais, Corey", respondeu ela, tentando enxugar as lágrimas.

"Vai dar tudo certo, mamãe", disse Corey docemente. Jan olhou para ele e suspirou, lembrando que estava pensando em se matar e deixá-lo sozinho. Corey ajudou a mãe a se levantar e ela agradeceu com um grande abraço. Ele sorriu e voltou para o quarto onde estava brincando.

Jan olhou para cima e perguntou: "Por que eu, meu Deus? Preciso de sua ajuda para descobrir por que estou me sentindo assim." Naquela noite ela rezou pedindo orientação e mergulhou em um sono profundo.

No dia seguinte, Jan foi para o trabalho, onde era responsável por analisar solicitações dos funcionários para participarem de atividades de desenvolvimento profissional e pessoal. Pouco tempo depois, ela achou um folheto em sua mesa. Uma das funcionárias estava pedindo para frequentar um seminário de autoajuda. Jan pegou o pedido e pensou: *Eu realmente preciso de cura*. Mas ela percebeu que não precisava curar apenas a dor da perda do marido, mas curar toda a sua vida. Depois de ler o folheto, ela chamou a funcionária que solicitara a atividade e perguntou se podia ir junto.

"Quando entrei na sala, não sabia o que esperar. Éramos umas nove ou dez pessoas na casa de alguém e decidi apenas observar e fazer anotações. No entanto, quando o seminário terminou, na tarde de domingo, eu estava me sentindo muito melhor do que no dia em que me sentei no chão da cozinha. Estava aprendendo a sentir a perda de meu marido e me curar enviando amor para ele. O mais importante, porém, é que eu estava enviando muito amor para *mim mesma*."

Ela praticou as seguintes afirmações:

Vou sentir a tristeza da minha perda.
Quando me aproximo de meu sofrimento,
isso me ajuda a me curar.
Mesmo triste, eu me amo.

Depois de algumas semanas repetindo as afirmações, Jan começou a ter momentos de verdadeira felicidade. A dor não havia desaparecido, mas se tornara mais suave. Jan nunca soubera que era preciso aprender a ter amor por si. Ninguém lhe ensinara como fazer isso porque ela havia sido condicionada a esconder os sentimentos e não definir limites pessoais.

"A partir daquele dia", comentou Jan, "recebi de braços abertos minha jornada de autoconhecimento!" Aquele fim de semana lhe dera um ponto de partida para afirmar que tudo acontecia para seu bem, e ela começou a acreditar que daquela situação só viriam coisas boas.

Quando voltou para casa, Jan colou afirmações por toda parte. A primeira foi de seu filho:

Vai dar tudo certo, mamãe!

Ela também escreveu:

Vou sentir minha dor, mas não vou me afogar nela.
Tudo acontece para o meu bem.
Dessa situação só virão coisas boas.

Cada vez que começava a ter pensamentos negativos, Jan lia uma das afirmações como se fosse pela primeira vez. "Eu olhava fixamente para a frase e tentava realmente absorvê-la. Então me sentava e a repetia várias vezes."

No espelho de seu quarto, ela colou:

Estou segura.

No banheiro, postou:

Eu te amo e te perdoo.

O simples processo de buscar a sabedoria interna ajudou Jan a se sentir forte e não se tornar uma vítima, apesar de estar sofrendo. Ela pediu até mesmo a Corey para colar pela casa as próprias afirmações, que eles coloriam e enfeitavam. Ele fez vários desenhos do sol brilhando, e Jan criou esta afirmação:

O sol está sempre brilhando. Ele sempre ilumina o bem.

Um ano depois, Jan recordou o Dia das Mães anterior e pensou no engano que fora atribuir a alegria daquela data apenas ao ex-marido. "Esse dia pertence a meu filho querido, que me disse: 'Vai dar tudo certo, mamãe'. Estou ensinando a ele que esse é nosso dia especial porque é uma grande honra ser mãe dele. Nós saímos e comemoramos. No ano passado, eu jamais teria imaginado isso."

Quando o filho era muito pequeno, para Jan o Dia das Mães era a data em que o marido festejava a maternidade dela. Com o tempo, a situação teria evoluído naturalmente de uma data em que só o marido planejava a festa para uma data em que o marido e o filho fariam isso juntos. Quando Corey ficasse mais velho, ele assumiria esse papel e passaria a fazer tudo sozinho. O divórcio acelerou o processo e fez Jan descobrir a própria celebração interior da maternidade. De certa maneira, a alegria se tornou mais pura, e isso foi uma verdadeira lição de vida: Jan passou a ver a condição de mãe como um aspecto pessoal que ela sempre poderia festejar, com ou sem a presença do marido ou do filho.

Quando refletiu sobre seu sofrimento, Jan percebeu que sempre poderia contar consigo mesma, até mesmo na tristeza.

Quando a dor se complica

Por mais que nos esforcemos para suportar a dor e receber a cura, a Vida às vezes puxa o tapete.

Bob e Marilyn estavam casados havia 20 anos e já tinham passado dos 40. Ele era extrovertido, sempre saindo para comemorações e sempre em movimento. Ela, por outro lado, gostava de ficar em casa. Fazer social com o marido não era a praia dela, e com o tempo eles começaram a viver as próprias vidas, encontrando-se apenas na hora de dormir, quando resumiam os acontecimentos do dia. Logo essas vidas independentes fizeram os dois se sentirem mais como colegas de quarto do que como um casal.

Marilyn começou a querer mais e ver que tinha projetos e queria visitar lugares diferentes dos que Bob preferia. Ela ainda amava o marido, mas via que o casamento já não era satisfatório. Marilyn queria uma vida independente da dele. Seu maior temor se tornou realidade quando ela percebeu que queria o divórcio. Assim, iniciou um processo de discussões que durou um ano. Bob achava que eles podiam resolver as diferenças, e ela estava disposta a tentar, mas não acreditava em uma solução conciliatória. Por fim, Marilyn deu início ao processo de divórcio.

Depois de divorciados, eles continuaram amigos, mas Bob não se conformou e caiu no padrão de "pensamento mágico", aferrado à ideia de que eles acabariam por se reconciliar.

Então, um ano depois da separação, aconteceu o inesperado: Bob sofreu um infarto fulminante no trabalho. Os paramédicos levaram-no às pressas para o hospital e salvaram sua vida. No entanto, quando recuperou a consciência, apesar de parecer saudável, Bob tinha sofrido danos cerebrais que resultaram na perda da memória recente. Ele recordava o passado distante e os fatos mais importantes, mas perdera completamente a lembrança dos últimos anos.

Seus amigos esperavam que com o tempo ele fosse recuperar a memória. Durante os primeiros meses, Marilyn ficou ao lado dele, disposta a ajudar. A situação lembrava a do filme *Como se fosse a primeira vez*, com Drew Barrymore e Adam Sandler. A personagem de Drew Barrymore tem perda de memória recente, de modo que, para ela, cada encontro com seu apaixonado, interpretado por Adam Sandler, é como se fosse o primeiro. A lesão cerebral fez com que Bob esquecesse o divórcio e achasse que ele e Marilyn ainda eram casados. À medida que a saúde de Bob melhorava e a ex-mulher diminuía a frequência das visitas, ele sempre perguntava onde ela estivera, e ela passava pela angustiante situação de ter que lhe dizer novamente que eles estavam divorciados.

Se eu fosse uma pessoa realmente boa, voltaria a morar com ele como se ainda fôssemos casados e cuidaria dele, pensava Marilyn. Às vezes ela considerava mentir e deixá-lo acreditar que estavam juntos, mas não queria fingir. Ela sonhara com a felicidade depois do divórcio, mas já não achava mais que isso seria possível. Marilyn se sentia em uma situação sem esperança, portanto, seus pensamentos negativos estavam aumentando ainda mais sua infelicidade.

O que você acha disso? Ela deveria ter mentido e voltado para o ex-marido? Quando esse tipo de situação acontece é importante parar de pensar que você não conseguirá encontrar a felicidade e adotar outra atitude:

> *Posso ser feliz em qualquer situação.*
> *Vou ser feliz estando casado ou não.*

Se Marilyn conseguisse retornar plenamente e com amor à situação antiga, poderia fazer todo mundo feliz. Ela tentou, mas quando esqueceu o "deveria", começou a encontrar a felicidade e passou a visitar Bob em um clima de bom humor. Assim, ele parou de fazer perguntas sobre o casamento. Talvez por ela ter deixado de ficar ansiosa com as perguntas de Bob, ele parou de querer respostas.

Atualmente, Bob ainda não se lembra bem dos últimos anos, mas já se acostumou com a situação. Quando Marilyn finalmente ficou em paz com o divórcio, depois de todos esses acontecimentos, Bob também pareceu ficar em paz. Agora ela diz como gosta de visitá-lo e está contente por eles ainda fazerem parte da vida um do outro depois de todos esses anos.

A dor de uma traição

Não podemos falar sobre separações e divórcios sem discutir a questão da traição. Apesar da dificuldade de se entender a infidelidade, é ainda mais difícil aceitar a ideia de que ser traído às vezes pode ser uma grande oportunidade de crescimento.

Pensar em ser traído por alguém a quem entregamos o coração e a alma — alguém que nos conhece por completo e a quem conhecemos, ou pensamos conhecer da mesma maneira — é uma ideia horrível. O indivíduo mais importante para nós, aquele com quem compartilhamos os momentos de maior intimidade, se entregou a outra pessoa. Isso pode ter durado uma hora, uma noite ou talvez meses ou anos, enquanto vocês viviam juntos.

Em geral, nesse tipo de tragédia, uma das primeiras dores das pessoas está relacionada à maneira como a traição foi revelada. Seu amado confessou, ou você descobriu por acaso? Você procurou saber a verdade? Buscar conhecer os detalhes em geral só agrava o sofrimento, porque você usará essa informação para se ferir ainda mais. Talvez seu parceiro tenha sido infiel apenas uma vez, mas se você conhecer os detalhes poderá reviver mentalmente a transgressão inúmeras vezes. Outra questão difícil a considerar é se você sempre teve suspeitas ou se a descoberta da traição foi uma total surpresa. É interessante olhar para trás e ver como era sua vida antes de tomar conhecimento da traição, o que algumas vezes pode ajudar a esclarecer seu papel nos acontecimentos.

Para curar o sentimento de perda, a maneira pela qual se soube do fato não é importante, mas para nossos padrões de pensamento isso pode fazer diferença. Não espere entender seu papel na infidelidade do cônjuge enquanto estiver sofrendo muito. Às vezes, depois de alguns meses ou anos, as pessoas conseguem olhar para trás e dizer: "Eu tinha muitas suspeitas. Acho que estava esperando que nosso relacionamento acabasse, e no fundo sabia que ele não era para ser." No entanto, muita gente não aceita essa ideia porque quando ouve as palavras *seu papel*, acha que elas atribuem a culpa a quem foi traído. Na verdade estamos afirmando que, apesar de ninguém querer ser traído, a experiência pode ser usada por nossa alma para evoluir e se curar.

Nesse ponto temos outro elemento a discutir, sem querer alimentar o sofrimento, mas para revelá-lo, livrar-se dele e chegar à cura. Uma das primeiras perguntas da pessoa traída é: "Você ainda me ama?" Por um lado, essa é uma interrogação, mas por outro, é uma profunda avaliação de si mesmo: *Eu mereço ser amado? Significo alguma coisa para você? Você algum dia me amou?* É difícil aceitar o fato de que a pessoa ter traído não necessariamente determina se ela ama você ou não.

É voz corrente em termos espirituais que, se houve algum momento de verdadeiro amor no relacionamento, esse momento representa a verdade final — o amor *existiu*. Se você sabe que houve amor em algum momento, então o amor foi real, e um dia, se Deus quiser, a infidelidade e todas as suas consequências terão sido esquecidas. Anos mais tarde, quando os envolvidos tornam a se encontrar, muitas vezes percebem que só resta o amor; todo o resto desapareceu. Você pode sentir apenas carinho por aquela pessoa porque participou da história dela.

No entanto, não se esqueça de que talvez você não seja capaz de ter essa compreensão por enquanto (ou por algum tempo) porque está revoltado. Nesse caso, esperamos que você veja nessa proposta um convite para liberar um pouco da sua raiva. Afinal, sua raiva não afeta em nada o seu parceiro — ela só é tóxica para você.

* * *

Daisy viveu com Cliff durante cinco anos. Apesar de alguns altos e baixos, o casamento quase sempre foi bom. Na imaginação de Daisy, se algum dia a vida sexual deles perdesse o pique, a culpa seria dela. Ela sabia que não tinha tanto interesse por sexo quanto no passado e imaginava-se reproduzindo o diálogo estereotipado dos casais, quando no futuro dissesse: "Hoje não, querido. Estou com dor de cabeça."

No entanto, foi ela quem foi surpreendida quando Cliff começou a dizer: "Hoje não, querida, estou exausto." No início, é claro que aquilo não foi um grande drama, mas depois as desculpas se multiplicaram: dor nas costas, estresse no trabalho e assim por diante.

Depois de identificar um padrão evidente, Daisy imediatamente começou a se culpar. Ela pensou: *Se ele não quer transar comigo, deve ser porque deixei de ser tão atraente quanto era.*

Ela começou a tomar medidas para recuperar a forma, imaginando que talvez estivesse relaxando demais em casa, saindo sem maquiagem e usando pijamas de flanela em vez de lingerie. Não estava segura quanto ao que se espera da mulher no casamento, mas tinha certeza de que não queria ser a típica dona de casa desleixada.

Contudo, depois de alguns meses de remodelação da esposa, Cliff estava ainda menos interessado em sexo. Quando ela trazia a questão à tona, ele dizia: "Que bobagem, querida. Isso é natural, acontece. Eu te amo como sempre. Está tudo bem."

Uma das amigas de Daisy aconselhou: "Isso não tem nada a ver com sua aparência. No começo dos relacionamentos, todo mundo acha o outro maravilhoso. Toda história que ele conta é nova e fascinante. Mas depois de alguns anos as histórias ficam velhas e repetitivas. Daisy, você precisa tratar seu marido como se tivesse acabado de conhecê-lo."

Assim começou a redescoberta de Cliff. Daisy prestava atenção a cada palavra dele, como se aquelas histórias surradas fossem novas e entusiasmantes... Mas nada mudou. Finalmente, quando completaram 11 meses sem sexo, exasperada, Daisy perguntou: "Cliff, eu fiz de tudo para você me achar atraente. Você não percebeu? Fui para a academia, só ando maquiada, uso lingerie quando estamos juntos. Tentei de tudo para fazer você se sentir mais homem e para mostrar meu interesse por você. Pelo amor de Deus, o que está acontecendo? Não pode ser dor de cabeça, cansaço ou estresse. Você está dormindo com outra pessoa?" Quando puxou o gatilho, ela não imaginava que acertaria o alvo.

O marido olhou para o chão.

Em choque, Daisy perguntou: "Por que você está olhando para baixo? Ai, meu Deus, não me diga que você está dormindo com outra mulher! Está?"

"Me perdoe", respondeu ele.

Daisy não podia acreditar no que ouvia. "Quem é?"

"Minha secretária."

"Sua secretária? Você não podia ser mais original?!"

Depois de uma série de discussões, da separação e finalmente do divórcio, Daisy mergulhou em um mundo de traição e sofrimento. Após alguns meses de negação, ela começou a sentir toda a força de sua fúria. Pensava constantemente: *Como ele pôde me deixar entrar para a academia por causa dele e malhar meu corpo enquanto ele estava admirando o corpo de outra pessoa? Por causa daquele canalha eu corria para o banheiro para me pintar assim que acordava. Ele me fez pensar que eu não era boa o bastante ou que ele estava estressado com o trabalho.*

O diálogo interno de Daisy mudava a cada dia, mas seguia a mesma linha: *E eu achava as histórias babacas dele interessantes. Acho que ouvi todas elas umas mil vezes.* Tempos depois, o sofrimento dela virou autoacusação: *Como fui idiota de pensar que ele ia virar um cara legal se eu me cuidasse mais! Como pude ser tão estúpida a ponto de amá-lo e de querê-lo?*

É importante entender que o que passou, *passou*. Quando estamos sofrendo, sabemos que não é possível mudar o passado, mas podemos mudar o modo como pensamos sobre ele. Daisy podia mudar de atitude em relação ao passado. Ela não precisava focar na infidelidade. Sabemos que isso é difícil, mas vale a pena. Não se trata de negar a traição. Pelo contrário, trata-se de concentrar a atenção em nossas qualidades. Em vez de pensar *Cliff me traiu*, Daisy deveria afirmar:

Apesar do que Cliff fez, eu vivi um grande amor.

Quando se culpava, em vez de se considerar idiota, ela deveria pensar:

Meu instinto estava correto.

Em vez de qualificar o relacionamento todo como uma traição, ela poderia dizer:

O amor foi verdadeiro, mas o
relacionamento não tinha que durar.

Com o tempo, ela ficaria pronta para pensamentos mais avançados:

Em última análise, ninguém pode me trair.
Estou acima de qualquer traição.

No entanto, à medida que prosseguia com as afirmações, Daisy começou a sentir certa resistência a elas. Ela precisava se lembrar de que aquelas frases não representavam sua condição presente, eram a condição que desejava alcançar. A resistência só significava que ela precisava liberar mais raiva. Para isso, além de recitar as afirmações, ela precisava respeitar a raiva e deixá-la fluir por seu interior para poder liberá-la.

Ela se sentiu em paz quando se convenceu de ter feito tudo o que podia para ficar bonita e frequentar a academia. No estágio de negociação das Fases do Luto, algumas mulheres são atormentadas por questões como: "Se eu não tivesse descuidado da aparência, será que ele teria sido fiel?" Ou: "Se eu usasse maquiagem e roupas sedutoras, será que mesmo assim ele teria me traído?" Contudo, depois de algum tempo elas chegam ao estágio da depressão, porque entendem que *sim*, os maridos as teriam traído mesmo assim. O motivo não eram elas.

A única traição de fato acontece quando esquecemos nosso verdadeiro ser e nosso autêntico valor. No fim das contas, os outros podem acertar ou errar, mas nós sempre podemos manter a autoestima e lembrar que, em relacionamentos, às vezes baixamos nossos padrões e nos rebaixamos, adotando comportamentos indignos de nós. E talvez façamos algumas coisas apenas para ferir nossos cônjuges. Portanto, pode ser preciso se perdoar e se livrar dos grilhões deixados por aqueles que nos feriram.

Quando você perdoa seu ex-marido por ter sido infiel 15 anos antes, não está afirmando que é certo machucar os outros. No entanto, você está mostrando compreensão com o erro do outro — pois qualquer um pode errar — e que não vai se definir e definir todo o seu casamento com base naquele erro.

Trocar o sofrimento pela graça

Molly imaginava como seria a nova realidade depois do divórcio. Ela sabia que não queria sair do processo com raiva e amargura, portanto, encontrou uma maneira positiva de superar as circunstâncias negativas de sua vida. Ela passou a acreditar que havia criado uma experiência de traição em sua vida para poder recuperar a própria totalidade. É claro que ela precisou de algum tempo — além de muito trabalho e perdão — para realmente acreditar nesse conceito. Vamos ver o caminho percorrido por ela.

O marido, Mike, a traiu e foi morar com a amante logo após a separação Como a dor da perda era paralisante, Molly estava disposta a tentar qualquer coisa para se sentir melhor. Uma amiga sugeriu que ela tentasse sentir amor pelo sofrimento de luto e perceber que ele estava ali para curar a dor. A amiga também recomendou que Molly se tratasse com um carinho.

Molly recorda: "No começo ficava deitada no sofá o dia inteiro, vendo filmes. Muitas vezes fazia para minha filha um sanduíche de queijo porque não conseguia preparar uma refeição. Passava as manhãs chorando no chuveiro, botando a angústia para fora. Então comecei a me dizer que estava fazendo um ótimo trabalho. Tive uma tolerância imensa comigo mesma porque decidi que merecia amor próprio.

"Agora vejo como minha vida conspirou para me fazer entender tudo isso. Não se trata de conseguir amor de fora para dentro — a solução sempre foi um trabalho interno. Tinha frequentado aulas de autoajuda, lido todos os livros e ouvido palestras sobre todas as maneiras de 'levar a vida'. Mas minha experiência não foi intelectual, foi uma jornada do coração."

Antes de ser traída, Molly nunca tinha sentido verdadeira compaixão por si mesma. Ela era sua maior crítica, a versão mais opressiva de si mesma, portanto, não se surpreendeu com a rejeição externa. Já havia engrossado tanto a pele que qualquer tipo de decepção era brincadeira em comparação com o muro que ela própria havia construído para afastar o amor e a vida e se defender das feridas causadas pelas dificuldades existenciais. Porém, a dor virou o mundo dela de cabeça para baixo.

"O amor era a cola do Universo, que eu não tinha experimentado diretamente", comentou Molly. "Ele esteve sempre por perto, mas eu não me permitia enxergá-lo. Diante daquela situação, me acusava: 'Veja, você é só uma mulher rejeitada, largada pelo marido, uma péssima mãe. Você fez seu marido ir embora! Você merece uma vida de merda!' Então, eu parecia ser minha própria inimiga. Precisei ser traída para superar a ideia de que a vida era aquilo.

"Me deixei ficar naquela condição, acreditando que o bem acabaria por surgir, olhando mais para dentro e me deixando emergir para reivindicar minha vida e receber as bênçãos daquela situação."

Há pouco tempo, no consultório de seu terapeuta, Molly encontrou pela primeira vez, face a face, a mulher pivô da traição do marido. Eis o relato de Molly: "Basicamente, só consegui chorar lágrimas de gratidão por ela. Se ela não tivesse surgido e causado a eclosão do meu drama pessoal, eu não teria descoberto a compaixão por mim, por meu mundo, pelos outros e por nossa jornada coletiva. Aquela mulher me ajudou a confiar em minha vida. O coração partido, a traição, a perda, a tristeza, o luto... Tudo isso me tornou capaz de confiar na vida."

Como algo que ela considerou tão ruim pôde revelar-se tão edificante? Molly está desperta para a plenitude da vida quando afirma: "Quando abandonei o apego a uma idealização das coisas e me deixei simplesmente ser eu, abandonei a condição de vítima das circunstâncias. Minha mente talvez discordasse, mas meu coração mostrou o caminho. Aquela mulher foi extremamente importante em minha jornada existencial."

Molly não se achava merecedora das alegrias do amor. Contudo, com o tempo, conseguiu se incluir, assim como todos os outros, em sua definição do que é divino, suave, amoroso, paciente e misericordioso — atributos novos para ela. Assim, finalmente aceitou a completa responsabilidade pelos próprios problemas e percebeu que essa era a chave.

"Nunca mais vou responsabilizar alguém ou alguma coisa pelas circunstâncias de minha vida", declarou. "Passei meses insegura por causa desse conceito estranho." Para ela, aceitar a vida como sua e não culpar os outros por seus sofrimentos e dificuldades era uma ideia radical e assustadora. Mas ela queria paz, e para isso precisava parar de lutar contra si mesma e contra os outros. Isso significava parar de julgar o certo e o errado (a outra mulher estava "errada" porque causou sofrimento a Molly). Ela realmente começou a acreditar que o Universo conspirava para torná-la um ser integral. Ela viu que era capaz de ter compaixão por si mesma e finalmente parar de se culpar.

Não era possível se culpar e ao mesmo tempo considerar o mundo um inimigo, portanto decidiu que todos — os amigos, os conhecidos e até mesmo "a outra" — eram protagonistas no filme da vida dela, vida que a empurrava na direção de se sentir completa. Por tudo isso, ela ficou muito grata.

"Quando me encontrei com 'a outra', disse a ela como tinha ficado ferida. Contei minha história com honestidade. Pedi desculpas por ter desejado que ela sofresse e que os outros a detestassem. E agradeci. Fiz isso porque fiz o mesmo por mim. Eu também erro, e essa pessoa não é inferior a mim. Só quis que o mundo tivesse raiva dela e do que ela havia feito porque estava sofrendo muito. Antes achava que meu sofrimento seria menor se ela sofresse, mas, na verdade, quando a perdoei, fiquei livre. Apesar de ter esperado até me sentir realmente pronta, estava morrendo de medo.

"Não foi fácil ficar frente a frente com essa mulher, ser franca e chorar durante uma hora inteira. Mas eu queria viver a plenitude do meu potencial e queria que a vida viesse me encontrar onde eu a encontrei. Dessa maneira, a vida vai continuar a me trazer as lições que me levem até a graça. Tudo isso foi pela graça, porque eu a quis."

Molly usa as seguintes afirmações:

Que isso traga o melhor para todos os envolvidos.
Eu mereço uma vida bela.
Minhas lições de vida me levam na direção da graça.
Eu atraio uma vida boa que cria
experiências maravilhosas.

Molly demonstra que, ao curarmos nossos pensamentos, todos os envolvidos na situação evoluem.

A prioridade são as crianças

O passado, principalmente a infância, condiciona grande parte de nossos pensamentos. Depois do divórcio, você por acaso passa tanto tempo tentando curar os pensamentos negativos adquiridos na infância que não consegue pensar nos filhos? Eles também estão sofrendo, porque estão perdendo a imagem de uma mãe e um pai sempre juntos.

É muito importante trazer pensamentos de amor para os filhos nessa situação, caso contrário, o exame que você faz de sua situação é apenas autoindulgência. Quando amamos, é natural baixarmos as defesas, mas no divórcio os muros costumam ser restaurados e reforçados.

E o que são os muros? São a couraça que nos separa de outros seres humanos. Quando temos filhos, precisamos lembrar que, apesar de termos construído defesas como reação ao sofrimento causado pelo ex, seus filhos sofrem tentando penetrar essas barreiras que não entendem. Se você permitir, os pensamentos de separação comandam seu mundo e passam a ser a lei vigente no seu território. Para curar isso, você precisa voltar seus pensamentos para o amor por si e por seus filhos. Contudo, essa tarefa é complicada quando acreditamos que nossos muros nos protegem.

Vejamos o exemplo de Jackie, cujo casamento acabou com muita amargura. Ela e o marido guardavam tanto sofrimento, raiva e ressentimento que mal se falavam.

No Natal passado, pela primeira vez, os dois precisaram decidir como passar o dia separados. Jackie estava dividida entre a raiva e o ressentimento pelo ex-marido e o desejo de ficar com a filha, Amanda, que tinha menos de 2 anos. Esse era um momento especial na vida da filha e a mãe não suportava a ideia de ficar longe dela em um dia tão importante. Jackie nunca tinha ficado tão indecisa diante de um conflito tão grande. Seu coração doía com a possibilidade não estar com a filha.

Portanto, ela e Mark entraram em um acordo: a mãe passaria a manhã com a filha e o pai ficaria com a menina à tarde, apesar do desconforto de uma troca ao meio-dia. Jackie não gostou do plano e passou o dia procurando maneiras de não pensar na tristeza de não ter a filha por perto o tempo todo. Em sua dor, ela reconheceu e sentiu a dor da perda, mas também precisava criar possibilidades diferentes para aquele dia e para o futuro.

Ela conta: "Rezei muito e soube que precisava de uma afirmação poderosa. Não queria sentir raiva e tristeza. Então, uma frase veio do fundo do meu coração:

Eu te perdoo e te liberto.

"Acho que repeti essa afirmação milhares de vezes por dia. Falava aquela frase sempre que pensava em meu ex-marido e a repetia em minha mente. Sabia que estava me culpando pela raiva e pelo ressentimento e estava até mesmo me julgando por julgar os outros."

Não se esqueça de como Jackie ainda estava muito mobilizada. No entanto, é muito difícil rezar e sentir raiva ao mesmo tempo, então era praticamente impossível repetir aquela afirmação e ainda continuar fora de si. Para Jackie, a afirmação começou a funcionar.

"Alguns dias depois, minha mente mudou de estado e comecei a me sentir inspirada pelo amor. Eu sabia o que queria fazer. Convidei Mark para passar a manhã de Natal com minha família, antes de levar Amanda para a casa dele e desfrutar seu tempo com ela. Disse que ele podia recusar se quisesse, mas que seria muito bem-vindo entre nós. Deixei muito claro que adoraríamos tê-lo conosco. Depois não toquei mais no assunto."

O ex-marido aceitou imediatamente e eles tiveram um dia maravilhoso. Jackie percebeu que nada faria a filha mais feliz do que ver toda a família reunida, e nada era melhor para Jackie do que ver tanta alegria no rostinho da filha.

Ela também foi surpreendida naquela manhã: "Foi um milagre, ver os dois juntos despertou em mim muito carinho por meu ex-marido e pelo papel dele em minha vida, além de perceber que ele sempre foi um pai maravilhoso para nossa filha. Foi um dia incrível, mas isso não foi tudo. Quando chegou a hora de Mark e Amanda irem embora, notei que meu coração não estava pesado, mas sim leve e solto. Não havia algemas, tristeza, só um sentimento constante de amor e gratidão. Fui com eles até o carro e me despedi de minha filha, abracei meu ex-marido e agradeci a ele pela presença. Desejei-lhe um feliz Natal e que se divertisse com a filha. Fui absolutamente sincera."

Jackie descobriu que algo tão simples como uma afirmação era capaz de proporcionar a diversas pessoas muito amor e muita alegria em uma ocasião como aquela. A festa não teria sido a mesma para ninguém se Amanda não estivesse lá, e isso mostrou a Jackie que ela não era a única a sofrer uma perda com o divórcio.

Curando a dor do divórcio

Quando ocorre um divórcio, é muito comum procurarmos descobrir suas causas. Quem fez o quê a quem? Mas não se esqueça de que essas causas não são a parte mais importante da história. Existe outra história muito mais abrangente que envolve o amor, a vida e a jornada existencial dos envolvidos. A meta nesses casos não é se livrar do sofrimento, mas perceber que pode haver felicidade no futuro e a remoção de todas as barreiras — tudo o que atrapalha — entre nós e essa felicidade.

É preciso procurar uma maneira de perdoar o ex-cônjuge. Por mais difícil que pareça consegui-lo, esse perdão vai libertar você. Alimentar ressentimento é como *você* beber um veneno na esperança de matar *outra* pessoa. Se houver uma terceira pessoa envolvida no divórcio, faça de todo o possível para perdoá-la. Perdoar todos os envolvidos pode ser um desafio imenso, mas para começar só é preciso querer.

Estou disposto a perdoar.

No processo de curar o sofrimento do divórcio, você precisa assumir a responsabilidade sobre sua vida. Para ficar bem e deixar o sofrimento curá-lo, não pode continuar a ser a vítima. Em seu casamento e em seus relacionamentos, o elemento comum a tudo o que você considera ruim ou errado é você mesmo. Você estava presente em todas as situações, portanto, deve reconhecer que tem alguma responsabilidade. Mesmo que não consiga perceber seu papel em determinada situação, talvez uma visão mais abrangente mostre que sua própria alma escolheu muitos tipos diferentes de experiências para aprender e crescer.

Em última análise, você deve dar a si mesmo o amor que procura. Não estamos sugerindo que adote uma forma egocêntrica de amor para nunca mais precisar de alguém ou querer ter outro relacionamento. Esperamos que consiga ter amor próprio e que não escreva o próximo capítulo de sua vida sentindo-se um tanque vazio que precisa ser abastecido. Em vez disso, queremos que você se torne uma pessoa completa e cheia de amor, capaz de levar esse amor para todas as situações que viver e todas as pessoas que encontrar.

O luto é o tempo para chorar tudo o que foi perdido: os sonhos destruídos ou o fim da esperança no casamento que imaginamos que seria eterno. Contudo, quando conseguimos aceitar que a separação realmente aconteceu, passamos a ver o tempo de luto também como um tempo de renovação, reconstrução e reforma. Você tem a oportunidade de se recriar como um ser totalmente novo. Quem você vai ser depois do divórcio? Não se deixe definir por outras pessoas e por seu passado, porque isso nutre um vazio que precisa ser preenchido. Escolha quem você quer ser. Esse é um novo capítulo, e você tem a oportunidade de recomeçar. Se achar que é tarde demais para um recomeço, saiba que isso é apenas um pensamento, que não corresponde à realidade. Se você ainda habita este planeta, nunca é tarde para recomeçar. A seguir damos um excelente exercício para ajudá-lo nessa retomada de si mesmo:

Pense em todas as palavras negativas que descrevem como você se sente depois do divórcio, como *triste, perdido, patético, carente, rejeitado* e assim por diante. Escreva essas palavras em uma folha de papel e coloque-a em um envelope. Então imagine um ritual para tirar definitivamente essas palavras de sua vida. Faça o que lhe parecer mais adequado no momento. Você pode fazer uma prece sobre o envelope ou queimá-lo. Resumindo, a ideia é mandar embora aquelas palavras e saber que elas já não representam sua verdade.

Em seguida, anote todas as palavras positivas que descrevam como você poderia se sentir e quem você poderia ser. Lembre-se, elas não precisam ser a expressão da verdade no momento. Só precisam parecer certas e representar quem você gostaria de se tornar. Eis alguns exemplos:

- *Maravilhoso*
- *Corajoso*
- *Inspirado*
- *Atraente*
- *Digno*

- *Apaixonado*
- *Caloroso*
- *Divertido*
- *Gentil*
- *Aventureiro*

É claro que existem muitas outras palavras adequadas. Procure limitar-se às que geram identificação com você. Quando terminar, escreva uma frase iniciada por "Sou" e complete-a com cada uma de suas palavras, para realmente se impregnar delas. Por exemplo:

- *Sou maravilhoso.*
- *Sou corajoso.*
- *Sou inspirado.*
- *Sou atraente.*
- *Sou digno.*
- *Sou apaixonado.*
- *Sou caloroso.*
- *Sou divertido.*
- *Sou gentil.*
- *Sou aventureiro.*

Copie essas frases e cole-as por todo lado. Absorva seus significados, viva o sentido delas! E lembre-se dessa afirmação para manter-se no caminho certo quando pensar na vida depois do divórcio:

*Estou focado nas possibilidades
positivas de minha vida futura.*

Você pode tratar o divórcio como qualquer outro estágio da vida. Pode considerá-lo bom ou ruim, vê-lo como uma tragédia ou como uma possibilidade de crescimento. Todos os casamentos podem ser um sucesso, qualquer que tenha sido sua duração. Seu ex-cônjuge não controla seu futuro. Só *você* controla seu futuro.

Seu bem virá de sua capacidade de ver o potencial de felicidade no futuro. E isso pode ser realizado se você deixar para trás o passado com aquele cônjuge; se praticar o perdão; se priorizar os filhos; e se, talvez pela primeira vez, priorizar a *si mesmo*. Se sua visão do divórcio for turvada por certas convicções religiosas, essa pode ser uma ótima ocasião para descobrir os melhores aspectos de sua religião. Muitas pessoas foram criadas com uma teologia maravilhosa, mas outras cresceram com crenças destrutivas. O divórcio pode lhe dar uma oportunidade de parar e entrar em verdadeira sintonia com os valores de Deus, em vez de obedecer a dogmas.

O divórcio é um fim, mas também pode ser o começo de algo novo. Lembre-se de que focar sua atenção em um ponto fará esse ponto crescer. Você quer viver no passado ou quer focar no presente e em seu potencial infinito de amar e ser feliz?

4
A MORTE DE ALGUÉM QUE AMAMOS

Todo mundo vive situações de perda, mas nada se compara à morte de uma pessoa amada em matéria de vazio e de profunda tristeza.

Vamos continuar a estudar o significado da morte porque ela é vital para o sentido da vida. Há quem considere a morte uma inimiga que acabará por nos destruir — uma armadilha terrível da natureza, que nos derrota brutalmente. Se você acredita nisso, sua vida não tem sentido. Contudo, se você entender que nasce, floresce e morre na hora devida, será capaz de ter uma vida com sentido e também morrer dignamente.

É preciso lembrar que a vida continua, mesmo quando uma pessoa querida se vai. Um mundo novo e inesperado se abre diante de você, e nele essa pessoa não terá mais presença física. Talvez você sinta que, de certa maneira, ela segue vivendo em espírito. E isso é verdade! Assim como você a amava quando ela estava presente, agora deve amá-la em sua ausência.

A perda e a dor que essa ausência lhe causam são sentimentos muito pessoais e diferem dos sentimentos de todas as outras pessoas. Alguém talvez lhe fale da própria experiência de perda na tentativa de consolá-lo da melhor maneira que conhece. No entanto, para você, sua perda reflete o amor sem igual que você sentia. Seu sofrimento é o reflexo e uma prova daquele amor. Cada lágrima afirma que você amou profundamente. Ninguém deve tentar ou querer privá-lo disso.

No entanto, neuroses e medos podem misturar-se ao sentimento de perda. Sem perceber, você pode se voltar contra si mesmo, e é por isso que precisa aprender a prestar atenção no que pensa. Seus pensamentos podem confortá-lo, mas em alguns casos também podem aprisioná-lo na dor e criar sofrimento desnecessário. A única saída para a dor é passar por ela. É preciso senti-la, mas sem apegar-se a ela ou passar a viver em função dela. A única maneira de ainda sentir amor quando se está sofrendo é observar como você se trata ao sofrer essas perdas.

É hora de abolir a culpa

Ryan e Kim se conheceram na faculdade de direito. Para ganhar dinheiro e pagar a universidade ela trabalhava na biblioteca, aonde ele ia para estudar. Ryan mudou o horário de suas visitas à biblioteca da tarde para a noite, passando a coincidir com o turno do trabalho de Kim, o que a levou a pensar: *Ou esse cara é realmente estudioso, ou gosta de mim.*

Toda noite ela passava por Ryan às 21h45 e avisava: "Vamos fechar daqui a 15 minutos. Hora de ir embora."

Certa noite, ele respondeu: "Hora de irmos tomar um café."

O encontro para um café se transformou em encontros para jantar, e em pouco tempo eles estavam namorando. Depois de se formarem, eles se casaram. A mãe de Kim tinha sido professora, portanto ninguém se admirou quando a filha optou pelo direito educacional. Ela defendia principalmente crianças, embora de vez em quando aceitasse defender professores demitidos injustamente. Ryan, por outro lado, escolheu o direito imobiliário.

Eles tiveram três filhos, e quando chegaram à casa dos 50 anos, fizeram um cruzeiro de dez dias pelo Canal do Panamá. Uma tarde, depois de tomar sol no convés do navio, Kim estava no chuveiro quando descobriu um caroço em um dos seios. Ela estava certa de que aquele caroço não estava ali antes e ficou um pouco preocupada e muito aborrecida por surgir um problema desses quando estava tentando aproveitar as férias. Então decidiu guardar segredo, porque aquilo provavelmente não era nada e não valia a pena perturbar o marido sem necessidade. Ela também sabia que era capaz de deixar as preocupações de lado por algum tempo, e que Ryan certamente viraria uma pilha de nervos.

Quando voltaram para casa, Kim marcou uma consulta com o ginecologista, ainda sem falar nada para Ryan. Ela decidiu contar ao marido só depois de receber um atestado de boa saúde. Infelizmente, as notícias não foram o que ela esperava. Kim foi diagnosticada com um câncer de mama no estágio IV. O casal entrou em pânico. Kim sempre teve o hábito de fazer exames periódicos, nos quais nunca foi encontrado um problema. Eles não entendiam como os três primeiros estágios passaram despercebidos, e a doença foi diagnosticada quando já estava muito adiantada.

Imediatamente, os médicos optaram pela quimioterapia mais intensiva, associada a terapias complementares. Apesar de seu corpo aceitar bem o tratamento, às vezes Kim dizia ao marido: "Acho que morrer seria menos desagradável do que isso." Depois de muitas sessões de quimioterapia, a hora de realizar os exames de acompanhamento havia chegado. Ela passou por vários testes de laboratório e fez uma tomografia (o exame de imagem que pode mostrar se o câncer está avançando ou recuando). Infelizmente, os resultados revelaram que o câncer era muito agressivo e que o efeito da quimioterapia não fora significativo.

Um dos médicos sugeriu a internação em uma unidade para pacientes terminais, mas Ryan e Kim acharam esse passo muito radical. Eles acreditavam na possibilidade de outros recursos, queriam tentar de tudo. Consultaram vários médicos, sempre obtendo a mesma resposta. Finalmente, os dois tiveram que aceitar que o corpo dela estava claramente enfraquecendo e solicitaram assistência domiciliar para pacientes terminais. Kim temia não gostar de ter estranhos andando pela casa e de perder a privacidade, mas os enfermeiros eram muito gentis.

Um dia, ela pediu ao marido: "Quero que você prometa que, quando chegar minha hora, vai me deixar ir embora."

"Só se eu puder te ver novamente em algum lugar, de alguma maneira", respondeu Ryan. "Mas não quero descobrir que você andou saindo com outros caras na outra vida."

Depois de algumas semanas tomando analgésicos e remédios para aliviar dores e sintomas, Kim recuperou a energia e se sentiu melhor do que vinha se sentindo havia meses. Ela e Ryan brincavam: "Quem diria que o tratamento intensivo é o que faria eu me sentir melhor!"

Durante sete meses, apesar de menos disposta do que no passado, Kim se sentia melhor por não fazer quimioterapia. Os médicos chegaram a considerar o estado dela tão bom que consideravam dispensar o tratamento intensivo. No entanto, antes que isso fosse feito, Kim de repente ficou mais fraca. Segundo o médico, isso indicava um avanço do câncer.

O mundo de Kim pareceu encolher, e ela ficou cada vez mais introvertida. O marido diariamente lhe fazia companhia e eles combinaram de se reencontrar, fosse como fosse a vida depois da morte. Kim já não conseguia mais sair da cama e algum tempo depois perdeu a consciência. Os enfermeiros passavam cada vez mais tempo com ela, e Ryan podia ver que o corpo da esposa enfraquecia gradualmente. Ele murmurava as mesmas palavras que ela costumava lhe dizer na biblioteca onde se conheceram: "Hora de ir embora." E sussurrava ao ouvido dela: "Eu vou ficar bem. Vá aonde precisa ir; nós vamos nos ver de novo."

No entanto, quando o corpo de Kim começou a entrar em colapso, a tranquilidade de Ryan desapareceu. Ele começou a implorar à esposa: "Por favor, não me abandone. Você não pode ir embora. Você precisa ficar comigo."

Apesar de tudo, Kim morreu algumas horas depois.

Um ano e meio após a morte da esposa, Ryan declarou a seu grupo de apoio que continuava obcecado: "Não consigo parar de sofrer porque estraguei tudo. Prometi a Kim que não ia impedi-la de ir embora quando chegasse a hora, porque sabia que íamos nos ver de novo. Mas quando ela estava realmente morrendo, entrei em pânico. Implorei para ela ficar. Não cumpri minha promessa."

Ryan se esqueceu de que é humano, de que a vida é preciosa e ele amava demais a esposa. Antes que ela morresse, ele podia prometer deixá-la partir quando fosse a hora, mas diante da situação real, suas palavras foram outras. Ele estava envergonhado e cheio de culpa por ter dito o que realmente sentia em seu coração. Sentia um peso enorme na consciência e achava que fora desleal.

O grupo perguntou a Ryan: "E se Kim estivesse a seu lado na hora da sua morte e pedisse para você não ir embora? Você interpretaria isso como deslealdade ou como um amor imenso que se recusava a dizer adeus?"

O Universo interpreta nossas palavras à luz de nossas intenções, com amor e sem julgar. O Universo não ouviu Ryan se recusar a deixar a esposa partir. Só ouviu o amor dele por Kim, embora ele estivesse convencido de que, com aquelas palavras, havia realmente pisado na bola.

Ryan conseguiu trabalhar seu sentimento de culpa, e hoje em dia, quando se sente mal com o que aconteceu, dirige a si mesmo pensamentos de amor, como:

Não consegui dizer aquelas palavras porque meu amor era grande demais.

Quando isso não ajuda, ele repete:

Não fui capaz de deixá-la ir porque a amava demais. Agora que ela se foi, esse amor a acompanha onde ela estiver.
Agora eu a liberto com todo o meu amor.

As perdas e as datas comemorativas

Festas de aniversário, aniversários de casamento e festas de fim de ano costumam representar união. Mas o que essas datas passam a representar quando nossos entes queridos se foram?

Esses dias especiais são momentos singulares da vida que costumávamos compartilhar. Embora ninguém possa mudar a realidade física da morte, o modo de encarar essas datas depois da perda de uma pessoa amada faz toda diferença.

Regina, uma mãe solteira, adorava sua filha Connie. Quando o pai abandonou a família, a menina tinha 5 anos, e as duas ficaram sozinhas. Regina era consultora de marketing em um grande banco e podia escolher o horário de trabalho, portanto, sempre procurava ter tempo para cuidar da filha.

Além do Natal e do Ano Novo, as datas que as duas mais gostavam de celebrar eram seus aniversários. Regina nasceu no dia 19 de janeiro e Connie em 16 de março. Quando Regina era criança, os pais dela não faziam festas de aniversário, portanto ela queria que essa data fosse um símbolo importante para a filha e que representasse a felicidade da mãe de ela ter nascido.

Quando Connie era bem pequena, Regina convidava os próprios amigos para as festas de aniversário da filha. Depois que foi para a escola, a menina começou a convidar os próprios amigos. Um dia, ela perguntou à mãe por que não celebravam o aniversário dela.

Regina respondeu: "Isso é uma coisa mais para crianças."

"O dia em que você nasceu não é importante?", contestou Connie.

"É, claro que é, mas..."

"Seus amigos dão festas de aniversário e você vai", interrompeu Connie.

Regina percebeu que não tinha uma boa justificativa para não dar festa no próprio aniversário. Depois disso, elas passaram a ter duas festas de aniversário no ano, uma para cada. Connie adorava aquilo, e Regina pensou: *Vou fazer isso durante um ano ou dois e depois essa onda vai passar. Festa de aniversário dá muito trabalho.*

No entanto, dois anos depois, Regina concluiu que gostava de fazer as duas festas.

Vamos avançar 25 anos. Connie chegou à casa dos 30 e Regina à dos 50. A filha estava casada e tinha os próprios filhos. Regina morava em uma casa pequena, em uma área residencial mais afastada, a uma hora de distância da filha. Ela reformou a casa e instalou lá sua pequena empresa de consultoria de marketing. As duas nunca perderam o costume de festejar juntas seus aniversários.

Avancemos mais 15 anos. A tradição se inverteu. Connie e os filhos, netos de Regina, todo ano iam atrás dos amigos de Regina para celebrar o aniversário dela. Essas festas eram simples porque, agora na casa dos 70, Regina preferia um jantar informal com um bolo e café de sobremesa.

Quando completou 72 anos, Regina recebeu os amigos e a família como de hábito. Um novo convidado, recém-chegado ao bairro, comentou: "Nunca vi uma filha fazer tanto estardalhaço pelo aniversário da mãe."

Regina e Connie falaram sobre os velhos tempos em que a mãe criava a filha sozinha. Elas explicaram como começaram a celebrar os aniversários.

No ano seguinte, porém, Regina começou a se sentir fraca e cansada. Estava debilitada, sem energia, e seu estômago a incomodava constantemente. Depois de uma bateria de exames, o médico a diagnosticou com câncer de estômago.

No início de março, Connie levou a mãe para o hospital para uma segunda rodada de quimioterapia. Um dia, durante o tratamento, Regina olhou ao redor do ambulatório de quimioterapia e disse à sua filha adulta: "Seu aniversário está chegando e talvez eu não possa fazer a festa."

"Não se preocupe, mamãe. Eu vou trazer o aniversário até você. O comando de enfermagem tem sete cadeiras. Por que não fazemos a festa lá?"

Regina respondeu: "Acho que podemos usar os suportes de soro para pendurar os balões." As duas riram.

À noite, Connie conversou com o marido, Greg, sobre seus planos para o aniversário. Ele sugeriu: "Até lá, sua mãe já terá saído do hospital. Duvido que ela aceite que você cancele sua festa. Quando ela ficar cansada, eu a levo para casa."

Regina começou a ter febre, e os médicos decidiram não lhe dar alta enquanto a infecção não fosse curada. No entanto, não conseguiram descobrir a causa da infecção e em poucos dias o quadro dela se agravou. Os médicos explicaram que ela estava tomando muitos antibióticos e estava com septicemia. Agora, havia o risco de que sua respiração fosse comprometida.

Connie deu alguns telefonemas e pediu ao marido para avisar aos amigos que a festa de aniversário seria cancelada. Ela passava todas as noites com a mãe e outros membros da família, e amigos ficavam com Regina durante o dia. Quando Regina perdeu a consciência, Connie ficou ao lado dela o tempo todo. Um dia, ao se despedir, uma amiga que estava visitando perguntou a Connie se poderia ajudar de alguma maneira.

"Não, obrigada. Sua visita já foi de grande ajuda."

"Bem, se não nos encontrarmos amanhã, eu lhe desejo um feliz aniversário."

Connie levou um susto ao lembrar que seu aniversário de fato era no dia seguinte. "É mesmo, eu esqueci", respondeu ela.

"Vou passar meu aniversário como sempre passei, ao lado da minha mãe."

Ela pediu à amiga para levar alguns balões porque tinha certeza de que Regina recuperaria a consciência para o aniversário. Quando os amigos começaram a telefonar querendo visitá-la, Connie resolveu deixar o marido, os filhos e os amigos mais íntimos passarem pelo quarto durante o dia para abraçá-la, ainda na esperança de que a mãe fosse acordar.

Às 15 horas, ela percebeu um aumento na atividade da enfermagem em torno da mãe, cujos sinais vitais foram conferidos diversas vezes. Connie de repente entendeu que o estado de Regina estava se agravando. Então o médico entrou e declarou: "Como você pode ver, sua mãe não está bem e nós vamos levá-la para a UTI."

"Tenho que ficar com ela."

"Sim, claro", respondeu o médico.

Depois de algumas horas na UTI, Connie sentiu que a mãe estava morrendo. Então, sem aviso, a equipe médica entrou às pressas e pediu que ela saísse para que eles pudessem começar a rotina de ressuscitação. O coração de Regina estava parando, e alguns minutos depois tudo estava acabado. Ela havia morrido.

Mais tarde, Connie ficou surpresa quando comentaram: "Puxa, é uma pena que sua mãe tenha morrido no seu aniversário." Ou: "A morte de sua mãe acabou com seu aniversário. É muito triste pensar que essa lembrança vai sempre estragar sua festa." No entanto, Connie não adotava essa visão negativa.

Nos meses seguintes, ela começou a pensar por que todos viam de modo tão negativo a morte da mãe dela no dia de seu aniversário. O marido perguntou: "Por que para você essa questão é tão diferente da opinião de todo mundo?"

"As pessoas não entendem que o dia do meu aniversário é uma ligação entre nós duas, afinal, foi nesse dia que ela me deu à luz. É quase como se elas pensassem que todo ano eu vou ficar triste no meu aniversário porque ela morreu nessa data. Mas eu vejo isso como um momento muito bonito em que um ciclo se completou. Ela estava comigo quando eu comecei a respirar neste mundo e eu estava com ela quando ela parou de respirar neste mundo. Foi o melhor presente de aniversário que ela já me deu."

Quantos de nós interpretamos negativamente o dia da morte de alguém que amamos? Dizemos que uma data especial ou um dia de festa foi estragado para sempre por uma morte? Pense na interpretação de Connie. A morte da mãe não estragou seu aniversário; pelo contrário, tornou esse dia mais rico.

Nossa escolha de palavras tem enorme efeito sobre nosso mundo interior. A palavra *estragar* pode mudar completamente nossos sentimentos em comparação com a palavra *enriquecer*. Muita gente diria "Meu aniversário nunca mais vai ser o mesmo", ou "De agora em diante essa nuvem sombria vai pairar sobre o meu aniversário". Em vez disso, Connie pensa:

Recordo minha mãe com amor.
Festejo meu aniversário com gratidão e amor.
Minha mãe tornou possível meu nascimento
e minha vida.
Hoje festejo meu nascimento e minha
mãe, que me trouxe ao mundo.

* * *

As datas festivas muitas vezes adquirem uma conotação de tristeza depois de uma perda ou de uma morte. Mas com as perdas passamos a ter novas datas importantes, como o dia da morte de alguém que amamos. Todos os aniversários da morte de alguém são importantes para nós: um mês, seis meses, um ano e assim por diante.

Adrian nunca sabia o que fazer no dia do aniversário da morte da mãe. Ela tentou ficar ocupada, tentou viajar... Experimentou de tudo para não pensar na perda. Apesar disso, não conseguia fugir ao sofrimento. Por fim, concluiu que a única maneira de se livrar da dor era senti-la. Decidiu começar a fazer uma visita anual à sepultura da mãe.

Durante alguns anos, no aniversário da morte da mãe, Adrian ficava junto à sepultura e chorava, dando vazão a toda tristeza que sentia. A sensação das lágrimas correndo pelo rosto e caindo no chão era como um bálsamo. Em sua última visita, ela ficou surpresa quando se sentou ao lado da sepultura e não chorou. Intrigada, se perguntou o que estaria errado com ela, mas acabou se dando conta: pela primeira vez, estava se lembrando da mãe com amor, em vez de com sofrimento. Ao se permitir sofrer totalmente a perda, ela agora alcançara um novo patamar de amor. Agora podia ser grata à mãe pelo papel que ela desempenhara em sua vida.

As datas importantes podem ser um momento de respeitarmos nossa força e nossa coragem. Podem ser ocasiões de honrar a pessoa amada. Há um ano ou há vários anos você era diferente, mas a vida mudou. A pessoa que você era mudou para sempre. Parte do seu antigo eu morreu com a morte da pessoa amada, mas parte dela continua viva em seu novo eu. Essa pode ser uma transição sagrada, em vez de uma situação em que todos perdem.

Hoje presto homenagem a meu amado.
Nesta data recordo minha amada com alegria e gratidão.

• • •

Feriados são datas de reunião. Quando perdemos alguém especial, nosso mundo perde a capacidade de celebrar. As festas só aumentam o sentimento de perda, já que a tristeza parece mais triste e a solidão, mais profunda. Muita gente se sente vítima das lembranças, mas não precisa ser assim. Você pode controlar a maneira de lembrar os amados e controlar a maneira de homenageá-los nas datas comemorativas.

Há pessoas que preferem agir como se aquela data não fosse especial. Já para outros, faz mais sentido tomar as rédeas dessas ocasiões. Não precisamos repetir o que fazíamos no passado. Manter uma rotina sem significado pode parecer um gesto sem sentido, a pior forma de solidão.

Quando o marido de Marie morreu, ela e as filhas fizeram o que fazem tantas outras famílias: tentaram tocar a vida. Felizmente, Marie tem muita intuição e percebe quando as coisas não vão bem. Ela também sabia que é preciso abrir espaço para o luto.

"As festas de fim de ano sempre foram importantes para nossa família, mas de repente havia esse imenso vazio. Agora, todo fim de ano é como estar em um bombardeio, em uma cratera que nos lembra da ausência dele. Tentamos recriar as festas, mas apesar de agirmos como no passado, logo descobrimos que sem meu marido não dava para fazer o que fazíamos antes. Era difícil e triste demais.

"No primeiro Natal, foi tudo tranquilo, porque havíamos decidido: 'OK, nós vamos fazer isso.' No segundo Natal, montamos a árvore, mas levamos uma semana para pendurar os enfeites.

Precisávamos de tempo para sofrer o luto sem tentar sentir felicidade. Estávamos todas muito tristes. Então chegamos a um acordo coletivo de tirar férias do Natal por uns dois anos. Resolvemos que, quando voltássemos a fazer uma festa, seria para começar uma nova tradição."

Marie preferiu não manter uma aparência falsa de felicidade quando a família ainda vivenciava o luto. Ela sabia o que era bom para todas e ensinou as meninas a respeitarem seus verdadeiros sentimentos de recusa a festejar. Ela conta até mesmo que todas se sentiram mais unidas porque não estavam festejando o Natal. Então, depois de um tempo de cura, a família conseguiu comemorar novamente a data, não como antes, mas de uma nova maneira.

Em vez de pensar *Vamos fingir que aquilo não aconteceu*, *Está tudo bem* ou *Nós vamos nos divertir muito mesmo estando tristes*, ela pensou:

Nós ficamos felizes por estarmos juntas sem qualquer pressão para agirmos como não somos.

* * *

Talvez você ache difícil ignorar o período de festas, mas também não quer fingir. Você pode mesclar a perda com o tempo de celebração se der ao sofrimento o devido tempo e espaço. Talvez possa incluir o ausente se fizer uma prece antes do jantar ou acender uma vela por ele. Um simples gesto de gratidão pela pessoa amada pode refletir o amor permanente de seu coração. Encontrar tempo para a perda e para reconhecer a perda é sempre mais fácil do que reagir a ela. Você pode pensar:

*Este é o primeiro Dia de Ação de Graças sem nossa mãe,
portanto vamos dizer o nome dela e lembrá-la
com amor na hora da refeição.
Acendemos esta vela em nome de nossa irmã e lhe
enviamos nosso amor.
Vamos compartilhar uma lembrança carinhosa
ou uma história divertida sobre nosso ente
querido que continua vivo em nossos corações.*

Seus pensamentos podem se tornar negativos, e é provável que você fique triste. Isso é normal e humano. Talvez você sinta falta da pessoa amada todos os dias. Talvez sinta solidão. Contudo, tome cuidado com os pensamentos que guarda e que repete. Repetir pensamentos negativos pode levá-lo a uma condição sombria que não faz justiça nem à pessoa amada nem a você.

Às vezes a morte de alguém querido pode ficar associada a uma data festiva. Seu marido pode ter morrido na véspera do Dia dos Namorados, do Dia das Mães ou do Dia dos Pais. Será impossível esquecer que ele morreu perto da Páscoa ou que aquele foi o último dia de Pessach com ele. Pode ter acontecido na véspera do Ano Novo ou no Dia da Independência. A partir daí, esses feriados nunca mais serão os mesmos. Como feriados são datas marcantes, mesmo que uma pessoa querida tenha morrido em um dia qualquer, talvez você pense no passado e se lembre do último Natal ou Ano Novo com ele. Alguns indivíduos sabiam que aquele era seu último Natal; outros, não. De qualquer maneira, uma data que antes era festiva mudou para sempre. O importante é saber: aquele dia está servindo para honrar a lembrança de quem perdemos ou nós o transformamos em um fim do mundo recorrente?

É muito natural pensar que *nunca* voltaremos a ter alegria naqueles feriados. Com certeza eles não voltarão a ser o que eram. Contudo, com o tempo, muita gente consegue encontrar um novo sentido para as tradições e para o espírito do feriado, transformando-o em um testemunho de amor e não de perda.

As datas festivas são alguns dos momentos mais difíceis depois de uma perda, e você pode tratá-las à sua maneira. O mais importante é estar presente para o amor refletido na perda.

Nesta data, reverenciamos mais o amor do que a perda.

Os feriados são parte de nossa jornada e devem ser plenamente desfrutados. Você pode centrar a atenção no amor e nas lembranças que vocês dois compartilharam. Com o tempo, você será capaz de escolher o conteúdo do que sente no feriado.

Tente usar palavras positivas em suas interpretações. As palavras podem nos esmagar ou nos aperfeiçoar. A dor de uma perda pode ferir, mas o pensamento positivo e a bondade são instrumentos de cura.

Hoje recordamos você com nosso amor mais profundo.

Responsabilidade e culpa

Quando a morte vem ao nosso mundo, quase sempre tentamos descobrir uma razão para aquilo. Procuramos atribuir sua visita a um erro de diagnóstico, a um comportamento autodestrutivo ou a uma negligência, porque não conseguimos aceitar que a morte simplesmente acontece. Mesmo nas salas de pronto atendimento, depois de um acidente de automóvel. podemos ouvir profissionais médicos perguntarem: "Ela estava usando o cinto de segurança?" Quando alguém é internado com câncer de pulmão, perguntamos: "Ele fumava?" Se conseguirmos encontrar uma justificativa para a morte daqueles que amamos, talvez seja possível evitar fazer o que eles fizeram e eludir a morte.

No Ocidente, as pessoas chegam quase a acreditar que morrer é opcional, mas é claro que isso não é verdade. Nascer é aceitar um acordo informal de que algum dia iremos morrer. Onde há luz do sol, há sombras. Onde existe vida, existe morte. Pensar que a morte não vai nos encontrar ou que podemos descobrir um jeito de evitá-la é uma demonstração de arrogância.

No famoso filme *Feitiço do tempo*, o personagem Phil, interpretado por Bill Murray, vive e torna a viver inúmeras vezes o mesmo dia. Com isso, ele consegue ir mudando seu comportamento diante das experiências da própria vida. O filme demonstra como as circunstâncias se mantêm inalteradas, mas Phil consegue reagir a elas de tantas maneiras diferentes que, no fim, o dia é completamente transformado.

Quando vê um morador de rua morrer, Phil resolve mudar aquele destino. Ao reviver o dia, ele tenta em vão dar dinheiro ao homem. Depois, leva o sem-teto a um restaurante e paga uma refeição, mas isso não muda a inevitabilidade da morte do homem. Apesar de todas as intervenções de Phil, o homem continua a morrer, e o protagonista entende que, por mais que controle a própria vida, não pode controlar a morte.

No entanto, muita gente se convence de que uma mudança de comportamento pode afastar a morte. Não estamos afirmando que boa alimentação, exercícios físicos e decisões saudáveis não adiantem porque acabamos por morrer de qualquer maneira. Não, procuramos comer bem, fazer exercícios e tomar decisões corretas porque isso é tratar o corpo com amor. Se alguém achar essa proposta contraditória, podemos responder: "Você deve fazer essas coisas porque são boas para o corpo." Elas provavelmente vão aumentar a longevidade, mas não devemos esperar que afastem a morte.

Lembre-se de que você é responsável por sua saúde, mas não tem culpa se ficar doente. É bom analisar causas e efeitos de uma doença, mas com isso não se deve sentir culpa quando ficar doente ou achar que fez alguma coisa errada quando estiver morrendo.

Procurando culpados

Quando acontece alguma coisa ruim, em geral nossa primeira reação é tentar encontrar um culpado.

Anita tinha 19 anos e estudava dança na universidade. A monitora do dormitório, Cathy, também estudava dança, mas já estava fazendo pós-graduação. Anita adorava Cathy, que era uma espécie de mãe de todo mundo, sempre muito carinhosa. Ela sempre fazia o papel de mediadora nos desentendimentos entre as estudantes e transmitia muita tranquilidade para todo mundo.

Um dia, quando estava a caminho do dormitório da universidade, Anita encontrou Bert, o namorado de Cathy. "Oi, Anita, você viu a Cathy?", perguntou ele.

"Hoje não."

"Se esbarrar com ela, você pode avisar que estou no café?"

Quando entrou no salão do dormitório, Anita encontrou Cathy e deu o recado do namorado.

Cathy agradeceu e foi procurar Bert.

Uma hora depois, Anita soube que ocorrera um acidente na estrada para o shopping. Cathy tinha sido atropelada e morrido na hora.

Ao receber a notícia, Anita ficou em choque, devastada. Mais tarde, porém, percebeu que a amiga ainda estaria viva se ela não tivesse dado o recado de Bert.

Durante o funeral de Cathy, Anita só conseguia pensar em sua participação nos eventos que resultaram naquela morte. Ninguém a acusou, mas ela se sentiu culpada e comentou a questão com algumas amigas. Uma delas disse: "Você não teve culpa. Não tinha como saber o que ia acontecer."

"Você só fez o que Bert pediu, estava sendo uma boa amiga", afirmou outra.

Anita sabia que elas tinham razão, mas mesmo assim se sentia responsável, pensando: *Eu tinha que ter ficado quieta*. Logo um pensamento começou a se repetir em sua mente como em um disco furado: *Se eu não tivesse aberto a boca, Cathy ainda estaria viva.*

Por ser tão jovem, Anita ainda era muito ingênua e acreditava ter grande responsabilidade pela morte da amiga. *Tudo estava bem até eu aparecer. Devo ser uma pessoa ruim. Quando entro em uma situação, ela fica pior. Não trago nada de bom para ninguém. Eu dou azar.* Esses eram seus pensamentos constantes.

Pouco depois, Anita abandonou a faculdade e começou a manter uma série de relacionamentos da pior espécie. Os cinco anos seguintes foram um inferno. Ela perdeu contato com todos os amigos porque se mudava constantemente, sendo demitida e conseguindo novos empregos... Fazendo qualquer coisa para ganhar algum dinheiro.

Um dia suas andanças a levaram de volta à pequena cidade universitária onde tudo havia começado. Foi então que, por obra do destino, ela encontrou Bert. Depois do mestrado, o ex-namorado de Cathy se tornara professor de psicologia na mesma universidade em que havia estudado. Ele não fazia ideia do que tinha acontecido com Anita, porque as pessoas abandonam a universidade o tempo todo pelas mais diversas razões. Depois de conversarem um pouco, ele viu claramente que a vida dela seguira um rumo desastroso.

"Anita, você não tem culpa da morte de Cathy. Se for pensar nesses termos, então a culpa é minha, porque fui *eu* quem pediu a você para dar o recado. E eu jamais faria intencionalmente qualquer coisa que prejudicasse minha namorada."

"É claro que não", protestou Anita. "Sei como você adorava a Cathy! Como alguém poderia pensar que a culpa é sua?"

"Por que isso vale para mim, mas não vale para você?"

De repente, Anita percebeu o mal que tinha feito a si mesma. Ela e Bert ficaram amigos e ele continuou a fazer o possível para ajudá-la a ver que a causa de seus problemas era sua atitude mental e não a morte de Cathy.

Com o tempo, Anita se convenceu disso e começou a divulgar a visão de Bert para outras pessoas. Essa maneira de pensar fez toda a diferença porque ele estava praticamente na mesma situação que ela. A chave do problema era sua atitude mental. Ela havia transformado a dor da perda em culpa e autopunição.

Nesse jogo de acusações, ninguém ganha e ninguém tem paz. Aqueles que amamos jamais desejariam que sua morte prejudicasse nossas vidas. Uma morte nos faz lembrar o amor que temos para distribuir e a vida que terminou. É um presente que nos faz usar o tempo que nos resta para honrar aqueles que amávamos e que morreram.

Se realmente pudéssemos controlar a vida e a morte, escolheríamos deixar aquela pessoa viver. Pense no caso de Anita e Cathy. Se pudesse escolher, é claro que Anita teria preferido que a amiga continuasse viva, mas ela morreu, e isso mostra que Anita não tem controle sobre essa questão.

Só tenho responsabilidade sobre minha vida.
Minha vida é um presente.
Eu me liberto de toda culpa e acusação.

Abandonando as interpretações negativas

Jack se despediu dos colegas de trabalho na maior animação porque estava tirando uma semana de férias e ia fazer um cruzeiro com a esposa. Ele prometeu aos colegas não perder um segundo das férias pensando no trabalho. Jack era gerente-geral de uma importante rede de hotéis e seus funcionários sabiam que isso seria uma grande conquista, pois ele não conseguia tirar férias havia muitos anos.

Os colegas esperavam que naquele período de ausência Jack se divertisse porque não precisava se preocupar com a apresentação das refeições, a eficiência dos camareiros e a rotina da recepção. Até três dias antes da data prevista para o retorno de Jack, a operação dos hotéis tinha corrido muito bem sem ele. É claro que sua falta foi sentida, mas todos estavam orgulhosos da própria eficiência mesmo na ausência do gerente.

Então, veio o telefonema. Jack tinha sofrido um infarto fulminante a bordo do navio e a morte fora instantânea. Os colegas passaram os dias seguintes tentando digerir a notícia e logo estavam sentados diante de um terapeuta enviado pela diretoria da corporação. Os comentários dos funcionários mostravam bem suas atitudes diante daquela perda.

Jim, o responsável pelos serviços de alimentação, lamentou-se: "Nunca mais vou tirar férias. É sério, o cara nunca tinha tirado tempo para descansar. Finalmente resolveu sair de férias e o que aconteceu? Ele morreu!"

Jeanette, chefe da governança, comentou: "A vida é uma droga. Quando a gente tenta se cuidar e se divertir, acontece uma coisa dessas."

Julie, outra gerente, completou: "Jack era um cara tão legal, sempre tentava fazer tudo certo e foi embora sem nem ter chegado à idade de escrever a lista de coisas que queria fazer antes de morrer."

Todos esses comentários são interpretações negativas. Às vezes sentimos que alguém morreu cedo demais e que nunca seremos capazes de entender por quê. Cabe perguntar qual é o efeito dessas interpretações negativas sobre nossas próprias vidas. E se cada vida existir para ensinar alguma lição? E se cada morte também nos ensina alguma coisa? Podemos rever a vida de Jack e encontrar um ensinamento? Os colegas teriam comentado seu amor pelo trabalho. Podemos dizer:

É ótimo saber que Jack fez o que queria fazer na vida.

Se formos julgá-lo, o que na verdade corresponde a nos julgar, podemos ver que ele não reservou muito tempo para curtir a vida, portanto podemos afirmar:

A vida e a morte de Jack nos lembram que devemos viver de modo equilibrado.

Outra lição decorrente da experiência de Jack é a necessidade de refletirmos sobre questões importantes:

- *Estou vivendo como quero?*
- *Se eu morresse amanhã, teria algum arrependimento?*
- *É realmente assim que quero passar o resto de meus dias?*
- *O que posso mudar para melhor em minha vida enquanto há tempo?*

Quando examinamos as questões de responsabilidade e culpa, a vida e a morte de Jack nos fazem pensar na necessidade de viver com equilíbrio. Os colegas podem interpretar a morte dele como uma mensagem de culpa ou como um alerta para evitarem os padrões negativos de pensamento. Eles foram lembrados de que deviam escolher entre "Por que tirar férias? Vamos morrer de uma forma ou de outra!" ou "A vida é uma dádiva. Quero desfrutar plenamente minha vida profissional e minhas férias".

O exemplo de Jack nos lembra da necessidade de viver a vida que devemos ter, mas também de reservar tempo para o luto. Como seria a dor de perder se deixássemos os sentimentos simplesmente fluírem? E se nós sentíssemos a dor e deixássemos a tristeza nos encharcar como uma chuva de verão, para depois avançar para o próximo sentimento? Isso não significa que vamos apagar a lembrança daqueles que morreram; vamos apenas chegar a uma condição em que sempre haverá um lugar especial para eles em nossos corações.

Fazendo justiça à perda

Quando nos convencemos de que não somos responsáveis pela morte das pessoas amadas, ainda resta a dúvida: "Qual é a nossa responsabilidade?" A resposta óbvia é que somos responsáveis por nossas próprias vidas, ou seja, que somos responsáveis por nosso sofrimento. Como podemos assumir a responsabilidade por nosso luto? Fazendo-lhe justiça. Podemos aprender uma lição interessante com a experiência de Martha, uma enfermeira de atendimento a pacientes terminais.

Martha foi à cerimônia fúnebre de um paciente, realizada na capela do hospital. Sua nova chefe, Alisha, chegou quando a cerimônia ia terminar e ficou surpresa por ver Martha chorando e soluçando silenciosamente. Alisha se preocupou por ver uma enfermeira ficar tão abalada com a morte de um paciente e pensou: *Talvez eu deva mandar Martha para casa. Talvez ela não tenha condições de trabalhar com pacientes terminais.*

Quando o funeral acabou, Alisha procurou Martha e perguntou se ela estava bem.

"Sim, estou bem", respondeu Martha, procurando se recompor.

"Estou preocupada com você", disse Alisha. "Sei que você cuidou desse paciente por muito tempo, mas você parece perturbada demais. Você está em condições de voltar ao trabalho?"

"Estou", afirmou Martha. "Quando um paciente morre, eu deixo toda a minha tristeza aflorar. Depois disso, posso voltar ao trabalho. Prefiro dar vazão a todos os meus sentimentos, em vez de carregá-los para depois ou para o próximo paciente."

Aquela enfermeira tinha completa razão. Sempre pensamos que dar vazão aos sentimentos de dor faz esses sentimentos nos dominarem. E naturalmente descobrimos que uma perda traz à tona outras perdas do passado que não foram totalmente extravasadas. Como seriam nossas vidas se nos permitíssemos sofrer plenamente cada perda? Poderíamos viver totalmente no momento presente e passar adiante para o próximo sentimento que surgir. Haveria muito menos sofrimento no mundo se fizéssemos justiça às perdas, em vez de ao sofrimento.

O luto é real porque a perda é real. Cada período de luto tem suas próprias características, tão distintas e exclusivas quanto a pessoa que perdemos. Nós achamos que queremos evitar o luto, mas o que queremos evitar é a dor da perda. O luto é o processo de cura que acaba por nos consolar se deixarmos que ele aconteça sem interferência do pensamento distorcido.

Superando o luto

Quando supera seus pensamentos iniciais sobre o luto, você consegue ser grato pelo tempo que compartilhou com a pessoa amada, por mais curto que ele pareça. Talvez você consiga perceber que recebeu muitas bênçãos ocultas.

Enquanto sofremos, é difícil imaginar que algum bem possa advir de uma perda. É importante não tentar convencer quem está sofrendo de que existe luz no fim do túnel. Quando perdemos alguém muito amado, não conseguimos ver essa luz. O que acontece é que com o tempo, ao aceitar a perda, podemos também encontrar seu significado mais profundo. Esse significado costuma ser chamado de "sexto estágio", em referência aos Cinco Estágios do Luto propostos por Elizabeth Kübler-Ross: *negação, raiva, negociação, depressão* e *aceitação*.

O sexto estágio pode assumir muitas formas, mas no fundo não passa de uma afirmação. Aconteceu uma tragédia, mas a afirmação subjacente às mudanças que as pessoas precisam confrontar é algo como:

Não sou vítima dessa tragédia.
Essa experiência vai me fazer crescer.

Um bom exemplo de crescimento pela superação da dor de uma perda nos vem de Candy Lightner, que fundou uma organização para combater a prática de dirigir sob efeito de bebida alcoólica, a Mothers Against Drunk Driving (MADD), depois que a filha de 13 anos morreu atropelada por um motorista embriagado. Candy tinha todo direito de ficar revoltada e se tornar uma vítima das circunstâncias. Embora o acidente tivesse sido trágico e ninguém pudesse lhe negar motivos para sentir autopiedade, a escolha dela foi diferente. Dedicou a vida a conscientizar a população e a promover leis mais rígidas que ajudem a evitar que as pessoas dirijam depois de beber e que protejam os cidadãos de uma morte sem sentido por culpa de motoristas bêbados.

Quando paramos de procurar culpados e assumimos responsabilidade, podemos alcançar resultados grandiosos. Essa grandeza é o poder do sofrimento. Nem sempre reconhecemos a capacidade de cura da dor, mas ela é extraordinária. É tão surpreendente quanto a recuperação física que se pode ter depois de um acidente de automóvel ou de uma cirurgia de alto risco. A dor muda e transforma uma vida destruída. Ela cura os traumas da alma.

Procure relembrar uma ocasião em que alguém próximo a você passou por uma perda importante e pense no que foi a vida dessa pessoa depois daquele acontecimento. Então, pense em como essa pessoa estava um ano depois. Dois anos depois. Se ela deixou de lado as acusações e a culpa e assumiu a responsabilidade pelo sofrimento, realizou uma mudança miraculosa. Se não houve uma cura, é muito provável que o pensamento negativo da pessoa esteja criando uma interferência que impede a verdadeira recuperação. Eis alguns pensamentos positivos para guardar na mente:

Amor associado ao sofrimento sempre dá certo.
Se o sofrimento for associado ao amor, a cura acontece.

Como lidar com o suicídio

O suicídio de alguém pode ser uma das perdas mais dolorosas. Quando alguém se mata, algumas questões fundamentais devem ser consideradas. A pessoa que você amava e que se matou não era "ruim". Ela estava sofrendo terrivelmente. Por razões que não conhecemos, aquela alma decidiu abandonar essa encarnação.

Mesmo que acredite que poderia ter feito alguma coisa e não fez, você precisa confiar na existência de um Universo que tudo sabe e tudo ama, que está sempre cuidando de nossas almas e de nosso crescimento. Se sua maneira de pensar ou suas crenças lhe dizem que o suicídio de alguém foi um erro terrível, saiba que, no nível espiritual, o Universo cuida de todas as almas e de suas trajetórias. Ele nunca esqueceu, abandonou ou permitiu que uma alma perdesse o rumo.

Derrick trabalhou durante dez anos como voluntário em um serviço telefônico de prevenção de suicídio. Esse trabalho não era remunerado. Durante o dia, ele era contador em uma grande empresa de serviços contábeis, onde muitas vezes lhe perguntavam: "Como você aguenta atender pessoas que querem se matar? O que você faz quando não consegue salvar alguém?"

Ele sempre respondia: "Como costumava dizer minha avó, se todo mundo varresse a própria calçada, o mundo seria muito mais limpo." Ele explicava que a intenção de sua avó era dizer que precisamos parar de falar da vida alheia e começar a cuidar da nossa própria. "Eu ampliei esse conceito em minha vida e em meu trabalho nesse serviço de apoio. Minhas interações, minhas reações e o que coloco no mundo são a minha calçada. Só tenho controle sobre meu mundo. O que alguém pensa ou faz é a calçada dele. Não cabe a mim começar a interferir na calçada dos outros.

"Só existem três áreas: a minha calçada, a sua calçada e a calçada de Deus. Só posso me concentrar em varrer a *minha* calçada: ser carinhoso, ter respeito e compreensão e sempre mostrar bondade e compaixão pelas pessoas que telefonam. O que os outros fazem com essa informação é calçada deles. Decidir quem vive e quem morre é o trabalho de Deus — isso está na calçada Dele."

Para o suicídio não existe hora certa ou hora errada. Só existe a *nossa* hora. Temos nossa hora para nascer e nossa hora de ir embora. Nesses momentos, precisamos ter certeza de que ainda temos amor por nós. Não perca a fé, pois você é um ser humano maravilhoso que merece amor em quaisquer circunstâncias.

O que você precisa ver bem é o que faz de seus pensamentos e sentimentos. Se você perceber que sua mente está envolvida com os problemas dos outros, precisa lembrar que, na morte, aquele que você amou não sofre mais aquela angústia terrível. Algumas afirmações úteis são:

Meu ente querido parou de sofrer.
A alma daquele que eu amava agora se libertou.

Com relação à sua perda, é comum sentirmos culpa pelo que pensamos ter sido nosso papel no suicídio da pessoa amada. Talvez você ache que deixou de ver algum indício ou aviso. Nesse caso, pratique as afirmações:

Entrego toda a minha culpa ao poder superior.
Reconheço que a jornada da alma de [nome da pessoa que você amava] *está ocorrendo exatamente como deve.*

Talvez você sinta muita raiva pelo sofrimento que a decisão da pessoa amada lhe causou, mas você não é vítima daquele suicídio. Sejam quais forem os motivos daquela ação, essa morte não foi alguma coisa que "lhe fizeram". Às vezes é bom lembrar a verdade sobre os relacionamentos e reconhecer que você não pode controlar tudo. Possíveis afirmações para essa situação:

Libero minha raiva e peço que Deus me cure.
Nossas almas estão unidas para
sempre fora do plano terreno.

É essencial lembrar que o amor que vocês compartilhavam não pode ser abalado ou afetado pela morte de um dos dois. Algum dia sua alma vai entender que as circunstâncias de nossa morte nessa encarnação são apenas uma pequena parte da história.

Esse tipo de morte quase sempre tem necessidade de muito perdão:

Perdoo meu amado por ter partido.
Perdoo meu amado pelo que percebo
de suas ações nesta vida.

Reconheça que o corpo e a mente daquela pessoa estavam perdidos e sofriam. Se possível, procure ver esse sofrimento com amor e compaixão, sabendo que nessa encarnação aquela pessoa enfrentou dragões que simplesmente não conseguiu derrotar. Então, envolva em amor e compaixão seus próprios pensamentos e ações:

Eu me perdoo por tudo o que acho que não fiz.
Eu me perdoo por tudo o que fiz e acho
que não devia ter feito.
Eu me perdoo completamente por tudo.
Reconheço que só o amor é real.

Apesar de ser importante curar a culpa que você talvez sinta pelo que fez ou pensa que deixou de fazer, a culpa é um reflexo do seu comportamento, enquanto a vergonha pode ser uma expressão de sua autoimagem. Depois de um suicídio, surgem muitas mensagens internas, como: *Ele não me considerava motivo suficiente para continuar a viver. Minha vida não era importante para meu amado. Nosso casamento, nossa família e nosso mundo eram tão desagradáveis que meu amado preferiu morrer a viver assim.* Nenhuma dessas afirmativas reflete a verdade sobre quem você é. Em vez de pensar assim, experimente:

Reconheço meu próprio valor.
Apesar de tudo o que acontece no mundo,
eu mereço ser amado.

A qualidade de minha alma é sempre valiosa.
Meus relacionamentos são sagrados.

No fim das contas, o mais importante é você perceber que não pode ser responsável pela morte de alguém. Ninguém é capaz de saber quais são as lições destinadas a cada alma. Não há como prever a jornada de cada ser humano nesta vida. Só podemos usar como referência o que o coração e a mente nos confirmam:

Sou responsável pela jornada de minha própria alma.

A cura após a morte de uma criança

Já foi dito que a morte de um filho é um dos piores traumas que alguém pode sofrer. Como um pai ou uma mãe podem elaborar o sofrimento e encontrar a cura depois de uma perda como essa? Parte da condição parental é a responsabilidade pela vida dos filhos, portanto, como podemos esperar que os pais superem o sentimento de culpa quando essa tragédia se abate sobre eles? A mera sugestão dessa possibilidade não parece insensível ou cruel?

A morte de um filho é um exemplo de situação em que a cura não é apenas uma maneira de honrar a perda, mas também uma necessidade vital para a sobrevivência de toda a família. No exemplo anterior, de Candy Lightner, testemunhamos o poder impressionante do sofrimento e as dádivas que ele pode nos trazer. Mesmo depois de ter perdido a filha muito amada, Candy se tornou um exemplo maravilhoso de superação da dor, não só alcançando a própria cura, mas também exercendo um impacto positivo nas vidas de inúmeras outras pessoas. Mais uma vez, uma história pode ser a melhor maneira de ilustrar o imenso potencial restaurador do sofrimento. Tivemos a sorte de tomar conhecimento de uma história muito comovente e decidimos repassá-la para vocês como foi contada pela mãe que a protagonizou:

> O último dia da vida de meu filho começou como qualquer outro. Depois de nosso ritual diário de cantar uma musiquinha para acordar, de uma sessão de cócegas e de mudar de roupa, levei Jesse, meu filho de 6 anos, para encontrar o pai, que veio buscá-lo para o levar à escola. JT, o irmão mais velho de Jesse, já tinha tomado o ônibus escolar.
>
> Eu estava com pressa de chegar ao trabalho, mas quando abracei meu filho percebi que ele tinha escrito "eu te amo" na camada de neve que cobria a janela do meu carro. Junto com a mensagem, tinha desenhado cuidadosamente três corações. Fiquei tão comovida que corri para casa e peguei o celular para fotografar o que ele escrevera. Era uma manhã fria de dezembro, mas o sol brilhava; coloquei Jesse ao lado do carro e ajustei a câmera para pegar o melhor ângulo dele e de sua mensagem. Então ele foi embora e essa foi a última vez que o vi com vida.
>
> Jesse estava na primeira série do ensino fundamental na Sandy Hook Elementary School. Naquela manhã do dia 14 de dezembro de 2012, um jovem com distúrbio mental abriu caminho a tiros para dentro da escola e matou meu precioso filhinho e outros 19 alunos, além de seis professores e administradores. Mais tarde fui informada de que meu filho morreu porque se lançou heroicamente na direção do perigo para tentar salvar os colegas. Apesar de só saber disso tempos depois, meu coração estava certo de que essa

teria sido a atitude de meu filho; com sua coragem e generosidade, ele iria querer evitar a tragédia.

Fiz um discurso no funeral de meu filho, de pé ao lado de seu pequeno caixão. Depois disso, muitas pessoas me perguntaram o que podia ser feito. Toda essa tragédia começou por um pensamento de ódio, portanto meu conselho para elas foi a cada dia trocarem os pensamentos de ódio por um pensamento de amor. Afinal, isso é só uma questão de escolha. Se todos começarem a trocar um pensamento por dia, acredito que podemos transformar o mundo em um lugar mais compassivo. Com o tempo, meus amigos e até mesmo desconhecidos continuaram a me procurar para contar como essa mensagem havia mudado a vida deles para melhor e como eles continuam a divulgá-la para a própria família e para os amigos. É só uma questão simples de escolha, mas pode mudar muitas vidas e talvez até mudar o mundo.

Para fazer justiça à memória de Jesse e para poder continuar a viver, decidi conscientemente encarar com amor e perdão essa tragédia sem sentido. A onda de afeto e apoio que recebi de minha cidade, do país e do mundo todo mostrou que por meio do amor podemos nos unir como se fôssemos uma só pessoa e assim conseguirmos uma vitória contra o mal. Acredito que essa tragédia tenha mudado muitas vidas para melhor, pois muitos indivíduos agora estão tomando um caminho de mais amor e compaixão.

Quando acordamos pela manhã, temos diante de nós uma escolha: vamos viver a vida com medo ou com fé? Então saímos para o mundo onde todo dia se trava uma batalha entre o bem e o mal. É papel de cada um trazer luz e amor para o mundo, e conseguimos isso com cada pensamento e interação que mantemos diariamente.

Apesar das circunstâncias, a morte é uma das experiências mais difíceis que os seres humanos enfrentam em sua jornada na Terra. Apesar do sofrimento, é possível ver que existem outras maneiras de pensar sobre as pessoas que amamos e de honrá-las. Por exemplo, como falamos antes, precisamos lembrar que aniversários, datas comemorativas e outros feriados podem nos fazer lembrar de que nosso amor é eterno.

Quando estiver tendo dificuldades com o sofrimento e no esforço para manter a conexão com a pessoa amada, experimente o seguinte exercício:

> Sente-se em um lugar calmo onde não seja interrompido. Feche os olhos e preste atenção em sua respiração, reduzindo o ritmo cada vez que inspira e expira.
>
> Visualize o rosto da pessoa amada como ela era nos momentos felizes da vida.
>
> Deixe a essência dela preencher seu espaço interno. Veja o brilho nos olhos dela, a luz em seu rosto. Sinta a conexão que continua a existir entre vocês. Agora diga tudo o que quiser lhe dizer. Se as palavras vierem do seu coração, ela irá senti-las no próprio coração. Entenda que essa conexão entre corações permanece intacta, embora a pessoa amada já não esteja vivendo em um corpo físico.
>
> Agora, nesse estado tranquilo, procure ouvir o que ela quiser lhe dizer. Se ela falar, depois de ouvi-la agradeça pela continuidade da conexão e conduza esse sentimento para dentro de seu coração. Libere todas as obrigações que ligam vocês e mantenha apenas esse delicado fio que flui de um coração para o outro.
>
> Quando estiver pronto, leve a atenção de volta à respiração, abra os olhos e se reinstale em seu corpo. Quando ficar de pé e sair, lembre-se de que a pessoa amada vai com você. A verdade inegável é que o amor nunca morre.

Durante esse exercício, receba qualquer percepção negativa como uma dádiva do conhecimento. Você precisa perdoar a pessoa amada? Ela precisa perdoá-lo? Você percebeu que está guardando culpas ou acusações? Nesse caso, lembre-se de que assumir sua dor contribui para a cura.

* * *

Quando nos permitimos sentir completamente o luto, começamos a liberar os padrões de pensamento negativos acerca de culpas e acusações. Não importa de que maneira a pessoa que você ama morreu, saiba que em algum momento você poderá sentir muita gratidão por ter compartilhado sua jornada com ela. No fim desse processo, você chegará à verdade: o poder do amor não pode ser derrotado pela morte.

No próximo capítulo vamos estudar outro tipo de perda capaz de nos afetar profundamente: a morte de um animal de estimação muito amado. Para que possamos nos curar e honrar a grande perda sofrida, precisamos aplicar as mesmas ferramentas: o sofrimento e o perdão.

5
A PERDA DE UM ANIMAL DE ESTIMAÇÃO

O luto é uma expressão natural da vida e ocorre em qualquer tipo de relacionamento que envolva sentimentos e ligação afetiva. Sofremos com a perda dos que amamos, daqueles de quem não gostamos e até mesmo daqueles que detestamos. Só não existe luto quando não existe qualquer tipo de ligação. Por essa razão, é absurdo pensar que não devemos lamentar a perda dos animais que fizeram parte de nossa vida e por quem tivemos muito afeto.

Nossos animais de estimação dividem conosco o mesmo espaço e, em muitos casos, a mesma cama; na verdade, são membros de nossa família. Apesar disso, quando morre um animal que amamos, muitas vezes descobrimos a necessidade de sermos discretos ou de escolhermos cuidadosamente com quem compartilhar nossos sentimentos. Quem sofre essa perda sabe instintivamente que está lidando com um tipo de luto não autorizado — o tipo de luto que as pessoas podem considerar "menor". Muita gente expressa sua tristeza e ouve em resposta: "Ora, não é como perder alguém. Era só um animal!" Ou: "Ora, compre outro animal de estimação."

O fato é que o sofrimento pela perda de nosso amigo animal não é tão fácil de superar quanto alguns dizem. Dói viver com um sofrimento considerado menos importante. O luto diz respeito ao amor e nossos animais muitas vezes demonstram o amor mais incondicional que é possível experimentar. Quantas vezes, contrariando nossas tendências, entramos no jogo de crítica da sociedade e pensamos que não deveríamos sofrer tanto? No entanto, ao alimentar esses pensamentos, estamos traindo nossos sentimentos mais genuínos.

Para complicar ainda mais a dor de perder um animal de estimação, em muitos casos o tratamos como humanos. Quando o animal está velho e doente, apesar do desejo de mantê-lo conosco, muitas vezes preferimos a eutanásia, ou seja, sacrificá-lo para lhe garantir uma morte digna e cercada de amor. Contudo, essa decisão às vezes agrava a perda, porque podemos ficar em dúvida se ela foi a coisa certa na hora certa.

As pessoas amam demais seus animais de estimação. Muita gente pensa como o humorista Will Rogers: "Se os cachorros não vão para o céu, quando morrer quero ir para onde eles estão."

Respeitando o luto por um animal de estimação

Ella tinha um pastor-alemão chamado Garlic [alho, em inglês]. Ele tinha esse nome porque apesar dos esforços da dona, nada conseguia melhorar seu mau hálito. No primeiro contato com ele, todo mundo comentava que ele era muito bonito e que afinal seu hálito não era assim tão ruim. Durante anos, aquele pastor-alemão foi como um mascote do bairro. Quando os vizinhos saíam de casa e o encontravam brincando no jardim ou passeando, não conseguiam deixar de cumprimentá-lo com um "Oi, Garlic".

Quando Garlic morreu de velhice, Ella e a família decidiram que, como tinham compartilhado a vida dele com toda a vizinhança, deviam compartilhar também sua morte. A alternativa, fingir que ele havia desaparecido do bairro como se fosse um brinquedo velho ou uma cadeira de varanda, parecia inaceitável. Se eles guardassem a perda para si, teriam de passar semanas ou meses encontrando vizinhos e ouvindo a pergunta: "Cadê o Garlic?" Seria preciso explicar o tempo todo que o animal tinha morrido.

Ella resolveu escrever um obituário e mandá-lo por e-mail para todos os vizinhos, juntamente com uma foto do cachorro. Ela usou a lista da associação de moradores, mesmo preocupada com possíveis reações negativas quanto ao uso da lista para aquela finalidade. A família fez a seguinte afirmação:

*Compartilhamos carinhosamente
nossa perda com os vizinhos.*

Para surpresa da família, quase todo mundo recebeu a notícia de maneira solidária. Um dia Ella entrou na cozinha de uns vizinhos e viu a foto de Garlic presa na geladeira. A família de Ella também ficou surpresa com o número de respostas ao e-mail. Uma delas dizia: "Você não nos conhece, mas nós conhecíamos o Garlic. Ele passava por nossa casa todo dia às 16 horas, quando chegávamos com as crianças da escola. Sempre achamos que um cachorro tão carinhoso devia ter donos carinhosos. Esperamos vê-los em breve para dar pessoalmente nossos pêsames."

Sempre que alguém se referia ao obituário, Ella simplesmente respondia: "A vida dele foi importante. Por que a morte não seria?" Esse é um exemplo maravilhoso do valor que ela dava à perda sofrida pela família, o que levou outras pessoas a valorizá-la também.

O bairro foi claramente afetado pela morte do cachorro. Um vizinho trouxe um assado, outro chegou com uma torta... Como se Garlic fosse uma pessoa. Outro alguém fez uma doação para um abrigo de animais em nome dele. Um sentimento de carinho e doçura cobriu o bairro e persistiu por muito tempo após a morte daquele animal.

...

A perda de um animal de estimação traz uma dificuldade própria quando comparada à perda de pessoas amadas. Quando adotamos um animal, automaticamente nos tornamos seus cuidadores para toda a vida. Como uma criança, o animal precisa ser tratado, protegido, alimentado e mantido saudável. Somos responsáveis por ele. Portanto, é muito fácil transformar o luto em culpa, acreditando que ele morreu por uma falha de nossa parte. O fato é que, apesar de todos os nossos esforços pelo bem-estar dos animais de estimação, um dia eles terão que morrer. A próxima história ilustra muito bem como o luto pode se transformar em culpa.

Em uma quarta-feira, Cheryl chamou seu gato Timmy para jantar balançando a caixa de sua ração favorita. Quando o gato subiu os degraus da casa, ela notou algo de errado na maneira como ele caminhava e viu que parecia estar sentindo dor. O marido de Cheryl começou a procurar pela região uma clínica veterinária que ficasse aberta a noite toda, mas não encontrou nenhuma. Eles decidiram ficar ao lado do animal até o amanhecer.

Na manhã seguinte, eles encontraram um veterinário que fez alguns exames e descobriu que Timmy estava com uma obstrução urinária. Ele disse que o gato precisaria ser internado, mas que os donos poderiam telefonar para ter informações sobre a evolução do tratamento. Eles ficaram mais tranquilos.

À tarde, Cheryl resolveu levar a filha de 7 anos à piscina e depois visitar algumas amigas. Elas passaram uma tarde maravilhosa, e na volta para casa Cheryl resolveu telefonar para a clínica veterinária para saber como estava Timmy. Ela precisou parar no acostamento para se recompor ao ser informada de que o gato tinha morrido havia vinte minutos. O veterinário deixara uma mensagem no telefone de casa, em vez de ligar para o celular.

Cheryl ficou arrasada e começou imediatamente a ter pensamentos e reações negativas. Ela não sabe como conseguiu dirigir até sua casa, mas quando chegou lá, ficou descontrolada e gemia sem parar: "Como isso pôde acontecer?" Aparentemente, o coraçãozinho de Timmy tinha simplesmente parado. Cheryl e o restante da família ficaram em pedaços. Para eles, Timmy não era apenas um gato. Era um membro da família e um amigo.

Imediatamente, instalou-se a culpa e surgiram as questões que às vezes acompanham uma perda: *Nós devíamos ter rodado a cidade para encontrar uma clínica aberta a noite toda. Por que não fizemos isso? Será que a dieta fez mal a ele? Será que lhe demos uma comida imprópria? Será que isso não foi uma reação tardia ao presunto que demos a ele no Natal? Será que o presunto estava muito salgado? Por que não percebemos que ele estava bebendo mais água que o normal? Como eu pude ficar relaxando na piscina enquanto Timmy estava morrendo?*

Eles enterraram o gatinho embaixo de uma árvore no quintal e Cheryl passou a se sentar ali para meditar. Uma tarde, ela começou a falar com aquele animalzinho muito amado, lhe dizendo como sofria por não ter feito mais para salvá-lo e pedindo desculpas. "Respirei fundo algumas vezes e de repente me senti calma. Então ouvi as palavras: 'Você precisa se perdoar. Você não fez nada de errado. Eu sei que você me amava e ainda estou aqui em espírito.' Minha primeira reação foi pensar que estava inventando aquilo, mas se estava, por que senti uma paz que não sentia desde que Timmy havia morrido? Acredito que ele estava me ajudando a parar de sentir culpa e raiva de mim."

Depois de receber a mensagem de Timmy, Cheryl comentou: "Embora eu não tenha percebido isso na hora, a dor que eu sentia na verdade foi uma bênção. Eu tinha perdido de vista o sentido da vida e estava deixando de curtir as pessoas que amava! Tinha esquecido como a vida é preciosa. O sofrimento nos aproximou e fortaleceu nossas ligações. Eu tinha recebido de Timmy a dádiva do amor incondicional entre dois corações. Esse é o amor mais importante na vida, portanto precisamos ficar perto daqueles que amamos e amá-los sem impor condições, como amávamos nosso querido gatinho!"

Ela adotou afirmações positivas como:

Eu me perdoo e nos liberto.
Opto por concentrar meus pensamentos na dádiva do amor incondicional que Timmy nos proporcionou.

Depois de alguns dias, Cheryl começou a se sentir melhor. Ela compreendeu que aquele gato especial vai viver eternamente em seu coração e que eles tornarão a se encontrar no céu.

Prestar atenção a nossos pensamentos é tão importante na perda de um animal de estimação quanto na perda de uma pessoa querida. Usamos afirmações para não esquecer que somos bons e não esquecer nossa verdadeira identidade — que, por sinal, nossos animais de estimação sempre veem. Por isso, o amor deles é incondicional. Quando estamos sofrendo podemos olhar para trás e nos perguntar por que não percebemos que o gato estava bebendo muita água ou por que fomos tão imprudentes e demos a ele uma comida imprópria. É importante lembrar que nossos animais de estimação muitas vezes comem guloseimas e não morrem. Da mesma maneira, às vezes eles têm mais sede e não morrem. Quando olhamos para o passado por uma ótica distorcida e tentamos identificar o que os matou, estamos apenas reunindo provas de que fomos "maus".

Timmy mostrou a verdade a Cheryl:

Perdoe-se. Você não fez nada de errado. Eu sei o quanto você me amou e continuo presente em espírito.

* * *

Quando nos relacionamos com pessoas, elas ficam conosco por algum tempo. Não sabemos se vão ficar conosco por um mês, poucos anos ou cinquenta anos. O mesmo acontece com nossos animais de estimação. Talvez a diferença mais surpreendente seja a capacidade dos animais para perceber quando a vida deles está chegando ao fim. Todo mundo conhece histórias sobre cachorros e gatos que ficam doentes e se recolhem e se isolam até morrer E se os animais também puderem sentir a aproximação da morte, mesmo que por acaso? A história seguinte é sobre Homer, um cachorro, e mostra um bom exemplo dessa situação.

Homer tinha pelo curto castanho e preto, o corpo esbelto e grandes olhos castanhos que pareciam responder a todas as emoções ao seu redor. Andy, seu dono, lembra o dia em que seu mundo se transformou:

"Em uma sexta-feira meu cachorro querido que me acompanhava havia quase dez anos morreu atropelado por um automóvel em frente à nossa casa. Com certeza ele não viu o carro, porque sabia andar pela rua evitando os automóveis. Minha mulher e eu ficamos desesperados. Eu faço meditação e também pratico afirmações diariamente em frente ao espelho. Já vinha sentindo que Homer ia nos deixar, mas estava me preparando para um período longo de declínio gradual e não para uma partida súbita.

"Na tarde de domingo, sem conseguir parar de chorar por mais do que vinte minutos desde a tragédia, procurei uma mulher conhecida pela capacidade de se comunicar com os animais. Ela me disse que tinha feito contato com Homer, que afirmou ter procurado me avisar de sua morte iminente, mas eu não quis acreditar. Disse que o carro era só um instrumento na história de sua partida — ele ia morrer de uma maneira ou de outra.

"Homer também disse que tinha me apoiado por tempo suficiente. Eu havia escrito exatamente isso em meu diário naquela manhã. Durante a maior parte de minha vida lutei contra a depressão e os pensamentos negativos e muitas vezes ele era o único que escutava meus lamentos. Eu sabia que ele havia completado a missão de me ajudar porque eu já não sofria tanto quanto antes, e ele tinha mais o que fazer. Eu me senti extremamente abençoado e não chorei mais pelo resto do dia. Fui capaz de olhar para os brinquedos dele, para o quintal, para todos os lugares onde ele ficava e sentir que naqueles pontos havia alegria, em vez de tristeza."

Andy também recebeu pelo Facebook dezenas de comentários maravilhosos e muitas mensagens pessoais. Ele comenta: "Eu achava que a gente só recebia muitas mensagens carinhosas pelo Facebook nos aniversários, mas isso não se compara com o que recebemos depois da morte de um animal de estimação. Homer fez parte de muito mais vidas do que eu imaginava. E ainda faz."

Além de reconhecer totalmente a dor que sentimos quando nossos animais queridos morrem, recebemos lições incríveis dessas criaturas da mesma maneira como recebemos lições dos humanos. Andy chorava durante o sono toda noite. Certa noite, pressentindo mais tristeza e sofrimento, antes de se deitar ele repetiu para si mesmo:

Vou me lembrar de todas as dádivas que recebi de Homer.

Com isso, ele resolveu escrever todas as lições positivas que aprendeu com seu cachorro tão querido. Acreditamos que essas lições não dizem respeito apenas a Homer, mas a todos nós.

As lições de Homer

Vou viver no momento presente.
O momento presente é só o que importa, e os cachorros são excelentes instrutores desse fato. Homer saía da cama toda manhã cheio de entusiasmo e pronto para o dia. Ele jamais guardava ressentimentos ou ficava preso ao passado. Recebia cada momento como se fosse um amigo que não via há muito tempo.

Vejo cada experiência como se fosse inteiramente nova.
Homer recebia com vigor, animação e alegria cada refeição, cada guloseima, cada passeio e cada pessoa. Sua energia e seu entusiasmo eram contagiantes. Tudo era festa. Ele tinha paixão pela vida.

Eu peço o que quero.
Homer era perito em manifestar sentimentos. Ele se sentava, encarava, pedia, suplicava... fazia qualquer coisa para conseguir o que queria. E isso nunca falhava. Sua perseverança e sua tenacidade eram incríveis. As pessoas sempre cediam e lhe davam o biscoito, o carinho ou a brincadeira com a bola.

Dou e recebo amor incondicional.
Dar e receber amor. Ser um canal de amor. Homer gostava de outros cachorros, mas seu verdadeiro amor eram as pessoas. Ele vivia para farejar, fungar e cheirar as pessoas; nada fazia seus olhos brilharem tanto quanto receber o carinho de um estranho quando saía para dar uma volta.

Não julgo os outros e não me julgo.
Não se critique ou critique os outros. Homer quase sempre era um verdadeiro mestre zen — amável, tolerante e tranquilo. Ele aceitava todo mundo e não queria mudar ninguém.

Muita gente acredita que na vida depois da morte vamos encontrar todas as pessoas e animais que amamos e que morreram antes de nós. Nós adotamos o conceito de que morrer não é desaparecer no vazio, mas alcançar a plenitude. Em outras palavras, quando estivermos saindo do plano terrestre não vai ter cadeira sobrando porque seremos cercados novamente por todos os que amamos e de quem sentimos tanta saudade!

Vamos imaginar nessa cena também os nossos animais de estimação. Ver novamente suas carinhas e seus rabos abanando. Ouvir seus latidos, seus miados, seus trinados, seus relinchos e seus rosnados e tornar a ver todos os seus atributos adoráveis. Que chegada maravilhosa será a nossa quando morrermos!

Recebo com amor todas as dádivas que meu
animal de estimação deixou para mim.
Agradeço por todas as experiências que vivemos juntos.
Meu animalzinho será sempre envolvido por meu amor.

6

OUTROS AMORES, OUTRAS PERDAS

As separações, os divórcios e a morte são algumas formas de perda, mas existem outras menos evidentes. Certas perdas são claras, como sofrer um aborto ou perder o emprego. Outras não são tão fáceis de identificar; por exemplo: não conseguir trabalhar no que se ama, não encontrar um companheiro ou não ter o corpo que se gostaria de ter. É preciso lamentar o que foi perdido, mas às vezes também precisamos chorar pelo que nunca aconteceu ou acontecerá.

Muitas pessoas passaram a maior parte da vida com uma dessas carências, e todos os tipos de sofrimento precisam ser examinados e curados. Por exemplo, é preciso lançar luz sobre uma perda como uma gravidez interrompida e reconhecer que essa condição deve ser vista como causa de sofrimento, porque é uma perda genuína que merece tempo e espaço para ser curada. Contudo, as perdas mais difíceis de perceber geralmente são invisíveis e se transformam em uma fonte constante de sofrimento.

Quando deixamos que os poderes curativos do luto entrem em ação, talvez vejamos algumas de nossas perdas difíceis de perceber. Vamos trazê-las à luz e promover uma cura mais profunda.

Infertilidade e aborto

Existem na vida muitas coisas que consideramos certas e garantidas. Por exemplo, quando uma menina brinca de mãe com as bonecas, está certa de que na idade adulta poderá ter filhos, se quiser. Ela não imagina que o relógio biológico do corpo possa parar e que ela talvez não consiga ficar grávida ou levar uma gravidez a termo. Ela também não imagina a vergonha e o estigma que essa situação representa para certas pessoas. Se uma mulher quer um filho biológico, mas não consegue conceber, pode perfeitamente achar que não está cumprindo seu destino de mulher ou que está frustrando as expectativas do parceiro. É muito provável que ela não consiga prever o grau de sofrimento pessoal causado pela perda desse tipo de ligação emocional.

Desde muito pequena, Kate estava certa de que um dia seria uma mãe maravilhosa. Muitos anos depois ela conheceu um homem fantástico chamado Donald. Durante o namoro, eles fizeram aquela clássica pergunta: "Você quer ter filhos?" Felizmente, concluíram que ambos queriam formar uma família.

Depois de poucos anos de casamento, Kate e Donald resolveram que estava na hora de ter filhos, mas três meses se passaram e ela se admirava por ainda não estar grávida. Ela decidiu esperar mais alguns meses e procurar um médico, se nada acontecesse até lá. Depois de alguns meses, ela marcou uma consulta sem avisar o marido.

O médico pediu alguns exames e os resultados não foram animadores. Depois que Kate deu a notícia a Donald, ele também fez exames, mas não apresentou nenhum problema. Assim, ela resolveu começar um tratamento para infertilidade, mas ao mesmo passou a alimentar uma onda inconsciente de pensamentos negativos: *Eu sou defeituosa; alguma coisa está errada comigo*. Essas ideias invadiam sua cabeça como uma música de fundo da pior qualidade. O marido parecia absolutamente tranquilo com a situação, mas Kate achou difícil aceitá-la.

Um mês depois, no dia 4 de março, Kate fez aniversário. Donald deu a ela uma linda pulseira com a data gravada, mas ela viu que o gravador havia trocado o dia pelo mês e gravado "3/4", em vez de gravar "4/3". Kate adorou a pulseira, mas planejou levá-la de volta para corrigir a data. No entanto, nunca chegou a fazê-lo porque o futuro lhe trouxe coisas muito mais importantes.

Maravilhada, ela descobriu que estava grávida. Finalmente o mundo girava na órbita certa e um bebê estava a caminho. Infelizmente, não era seu destino ter um filho e ela sofreu um aborto espontâneo. Kate ficou arrasada, mergulhada na mais profunda tristeza. O marido procurou confortá-la e sugeriu a possibilidade de uma adoção. Dos dois, ele era o otimista, certo de que "sempre existe uma alternativa".

Na época, Kate não percebeu que havia muito mais trabalho por fazer. A mãe dela teve uma intuição sobre isso e aconselhou: "Você precisa reservar algum tempo para sentir sem reservas a dor pela perda do bebê." Ainda em ruínas, Kate entendeu que a mãe estava certa. Aquilo tinha sido mais do que um mero atraso técnico em sua luta para ter um filho. Aquela perda precisava ser sentida e curada.

Enquanto se permitia sentir tristeza, Kate pensava:

Faço justiça à perda de meu bebê que não nasceu.
Tudo está tomando o rumo que deve seguir.

Donald continuava disposto a adotar, mas Kate ainda não estava pronta para isso. Ela precisava continuar a ouvir seu diálogo interno: *Meu corpo está com defeito. Não posso ser uma mãe de verdade.* Quanto mais ouvia o que a mente lhe dizia, mais se conscientizava do padrão distorcido de pensamento e da crueldade com que se tratava. Ela percebeu que precisava mudar imediatamente esse padrão mental e começou a recitar as seguintes afirmações:

Eu perdoo meu corpo.
Meu corpo está fazendo tudo o que está destinado a fazer.
Está tudo bem com meu corpo.
Meu corpo me leva para a situação de maior
benefício para todos os envolvidos.

A respeito de ser mãe, ela dizia:

Eu mereço ser mãe.
O que define uma verdadeira mãe
é a capacidade de amar.

Dentro de um ano Kate estava em paz com a vida e o processo de adoção corria bem. Quando ela e o marido receberam uma linda menina chamada Diana, tomaram um susto ao saber que o aniversário de Diana era 3 de abril, a data gravada na pulseira que Kate usava o tempo todo e nunca teve tempo de corrigir. Ela agora acha que a chegada de Diana a seu mundo foi um milagre.

Kate também se deu conta de que, caso suas preces tivessem sido atendidas e ela tivesse dado à luz uma filha, não teria conhecido a criança maravilhosa de quem agora é mãe: "Agora vejo que o meu destino era ser estéril e encontrar Diana." Ela reconheceu a verdadeira essência da maternidade e a importância de perdoar o corpo. Também aprendeu que é preciso passar pelo processo de luto.

A história de Kate tem um final feliz. Uma das lições que ela aprendeu foi a necessidade de reconhecer o sofrimento e honrá-lo. Na infertilidade ou no aborto, os outros podem não dar ao luto o tempo que lhe é devido. Mesmo aqueles mais próximos da mulher, como o marido ou os pais, talvez não entendam o que essa perda representa para ela. Ninguém que vê o problema de fora pode conhecer a extensão da dor de uma mãe, assim como ela não tem como saber quem está destinada a amar neste mundo. Pode ser o filho que ela gestou ou, como no caso de Kate, a filha que adotou.

* * *

Segundo muitas mulheres, a menopausa traz novos motivos de pesar, como a tristeza por não poder mais ter filhos ou ter outros filhos. Algumas pensam erroneamente que passam a ser menos mulheres. Seja qual for a mudança em sua vida, você precisa olhar para dentro, respeitar suas perdas, senti-las totalmente e não associar a elas qualquer pensamento negativo. Pense nas afirmações:

À medida que meu corpo se transforma, minha feminilidade aumenta.

*Minha vida é uma jornada incrível
de amor e aprendizado.*

Você vai acabar por se convencer de que é muito mais do que as circunstâncias de sua vida. Sua essência vale muito mais do que as transformações em seu corpo. Com ou sem filhos, você é um ser maravilhoso. É fantástica enquanto cria os filhos e igualmente maravilhosa depois que eles crescem.

*A cada dia eu me torno uma mulher
mais bonita e mais sensacional.*

A perda do emprego

Para muita gente, uma das piores perdas possíveis é a do emprego. Isso não surpreende, porque vivemos em um mundo que confunde "fazer" com "ser". Em outras palavras, as pessoas acham que somos o que fazemos. Quando duas pessoas se encontram pela primeira vez, uma das primeiras coisas que se perguntam é: "O que você faz?" Nosso ganha-pão é considerado tão importante que se não estamos trabalhando acabamos com aquela dúvida: *Quem sou eu agora?*

Em 2008, Steve estava em seu escritório na gerência de uma empresa de equipamentos médicos, recebendo e respondendo ligações telefônicas, como de hábito. Trabalhava naquela empresa havia 30 anos, portanto já tinha resolvido dezenas de vezes todos os problemas capazes de surgir no dia a dia. Seu trabalho agora era uma rotina muito conhecida e o escritório era seu segundo lar.

Naquela tarde, Steve era esperado na reunião mensal com seu chefe, Keith. Quando entrou na sala de reuniões trazendo as pastas de sempre, notou a presença de Linda, a gerente de recursos humanos. Então, Keith levantou-se e disse que ia sair por um momento para que Linda e Steve pudessem conversar. Steve não ficou preocupado. Ao longo dos anos, em muitas ocasiões ele precisou conversar com alguém do RH para resolver problemas de seus subordinados. Naquele dia sua única dúvida era quem teria feito o quê.

Ficou surpreso quando ouviu Linda dizer: "Essa reunião vai ser difícil, Steve."

Nossa, ele pensou, *algum dos meus funcionários deve ter realmente pisado na bola.*

Ele definitivamente não estava preparado para ouvir o que ela disse em seguida: "Lamento, mas precisamos dispensar seus serviços. Depois das últimas fusões, o presidente e os executivos acham que já temos um número suficiente de talentos e suas funções ficaram redundantes."

Steve permaneceu sentado, aturdido, enquanto Linda prosseguia: "Queremos mantê-lo por mais duas semanas e vamos lhe pagar três meses de salário a título de indenização."

"Isso já está decidido?", perguntou Steve. "Não posso discutir a questão com Keith? Talvez ele mude de ideia."

Linda tocou-lhe a mão e respondeu: "Você sabe tão bem quanto eu que depois de tomar uma decisão ele não volta atrás. Você precisa aceitar os fatos, Steve."

Durante as duas semanas seguintes, Steve fez o percurso de ida e volta para o trabalho como vinha fazendo pelos últimos 30 anos, sabendo que dentro de alguns dias aquilo nunca mais voltaria a acontecer. No último dia no escritório ele guardou seus pertences e olhou em volta, consciente de que não voltaria a ocupar aquele espaço. Três décadas foram encerradas em tantos dias quanto costumavam durar suas férias.

Felizmente, sua esposa Melissa praticava afirmações havia muitos anos. Ela o convenceu a aceitar a perda, mas a não aceitar os sentimentos negativos que aquilo lhe causava. Eles se concentraram em ideias positivas e usaram as seguintes afirmações:

Meus talentos e minha competência serão necessários em outro lugar.
Está tudo bem.
Estou em segurança.

Melissa sugeriu: "Precisamos ter cuidado com o que pensamos e dizemos. Isso não é fácil para nós, porque fomos condicionados por nossos pais, que viveram a Grande Depressão e aprenderam a se preocupar primeiro e só pensar nas questões depois."

Juntos, eles conseguiram manter o equilíbrio. Quando amigos e parentes bem-intencionados lamentavam a situação com expressões como "É mesmo terrível sair do mercado de trabalho", Steve respondia com delicadeza: "Nós preferimos não pensar assim."

Steve e Melissa aceitaram plenamente a perda e a dor que ela causava, mas também rejeitaram com firmeza a visão de um mundo de pobreza e dificuldades. Em vez disso, afirmavam:

O Universo é generoso e abundante.

Steve enfrentou esse sofrimento com dignidade e coragem. O medo e o pânico diminuíram muito quando ele se dispôs a aceitar novas oportunidades, e elas logo se apresentaram. Duas semanas depois de ter sido demitido, ele foi convidado a prestar serviços para uma empresa de prestígio com a qual assinou algum tempo depois um contrato de trabalho permanente.

Uma das frases que mais ouvimos quando perdemos um emprego é: *Não é nada pessoal.* Ou seja, a questão não é pessoal para o empregador. Mas é claro que, para o empregado, é uma questão absolutamente pessoal. É angustiante acreditar que você tenha sido valioso para aquela empresa e eles agora lhe digam de uma forma inegável que podem prescindir de você. Não admira que as pessoas se sintam desvalorizadas.

Quando sentir que uma situação profissional se tornou pessoal, lembre-se de que cabe a você personalizar a cura. Diga:

Eu tenho valor.

Lembre-se de calcar essa afirmativa unicamente em quem você é e não no que você faz. Também tenha em mente:

Valho mais do que qualquer emprego.

Aceitar — ou seja, fazer as pazes com o fato de que a demissão realmente aconteceu — talvez seja a maior dificuldade no processo de perder o emprego. Não podemos mudar o que aconteceu, mas podemos aceitar e sentir a perda de uma maneira positiva e produtiva.

Muita gente acredita que aceitar o que aconteceu significa achar bom ou não ter problema com aquilo. No entanto, aceitar na verdade é reconhecer a realidade da perda. Deixar para trás o estágio de negação ("Isso não podia ter acontecido") e passar ao estágio de aceitação ("Isso aconteceu de fato").

De certa maneira, perder o emprego é como uma morte súbita. Pode despertar um sentimento similar ao de ter sofrido uma traição. Tal como em outras perdas que analisamos, o segredo é prestar atenção no que a mente está dizendo. Se ela lhe diz "Agora não sou ninguém, não represento nada para o mundo, deixei de ser relevante e útil", essas são crenças negativas que não devem ser alimentadas. Você precisa aceitar a realidade da perda, mas não essas ideias negativas. No fim das contas, tem que perceber que aquilo na verdade aconteceu para seu maior benefício. Para entrar em contato com o que existe além do âmbito de sua percepção, experimente a seguinte afirmação:

Tudo está evoluindo na direção do meu bem maior.

Aceitando seu verdadeiro eu

Quando praticar a aceitação em seu ambiente e no mundo, você também precisa voltar a atenção para dentro e estar disposto a aceitar seu verdadeiro eu. Esteja preparado para liberar e curar determinados aspectos ou ideais que vem tentando manter, além de recusar as expectativas dos outros que não contribuem para seu bem.

Kenneth refletia sobre sua vida amorosa e pensou que, quando amamos alguém, mais cedo ou mais tarde nosso coração é partido. Ele sabia que a maioria das pessoas, em especial os homossexuais, não é estimulada a amar nos relacionamentos.

No passado, homens e mulheres homossexuais não contavam com muitos modelos de comportamento. Quando vemos imagens de orgulho gay ou indivíduos que falam do orgulho e bem-estar que sentem por ser quem são, pode ser difícil lembrar que esse orgulho só se manifesta depois de muitos anos de sentimentos de inferioridade.

Como disse Kenneth: "Tenho muitas cicatrizes no coração, fruto das dúvidas sobre quem eu era e da vergonha de amar as pessoas que amava."

Kenneth passou muitos anos tentando ser como os pais queriam que ele fosse, mas desejando intensamente revelar seu verdadeiro eu. Alguns gays enfrentam o imenso desafio representado pela pressão extrema da família e da sociedade, que tentam forçá-los a ser de determinada maneira. E muita gente não percebe que alguns homens e mulheres homossexuais sofrem também pela perda do molde em que os outros querem enquadrá-los.

Apesar de se esforçar ao máximo, Kenneth não conseguia ser o que os pais desejavam. Além disso, como não tinha um bom modelo de comportamento, dos 20 aos 30 anos envolveu-se em uma série de relacionamentos desequilibrados. Às vezes o parceiro o amava, mas o amor não era retribuído. Ou então, ele se apaixonava profundamente, mas o sentimento não era recíproco. Ele também manteve alguns relacionamentos a distância. Hoje percebe que aquilo era apenas uma maneira de evitar a verdadeira intimidade. Como o outro estava geograficamente distante, ele não precisava ter uma participação real no relacionamento e se sentir vulnerável.

Tudo isso lhe causou uma série de feridas. Depois dos 40 anos, Kenneth procurou uma terapeuta. Durante uma sessão, ele estava especialmente deprimido porque seu namorado, Gerry, não o amava. A terapeuta sugeriu que ele tentasse desenhar o que estava sentindo.

Desenhar meus sentimentos? Como pode ser esse desenho?, pensou. Ele decidiu dar asas à imaginação e fazer o que era solicitado. Seu primeiro desenho foi o próprio coração partido. Era um grande coração, mas tinha uma fissura no meio e uma rachadura extensa em um lado. Faltava um pedaço do outro lado e a base do coração estava completamente estilhaçada. Tanta dor e sofrimento fez Kenneth chorar.

Ao ver o desenho, a terapeuta indicou uma área e perguntou: "O que é essa fenda?" Então ela pediu que ele descrevesse o que representava cada corte ou rachadura, por quem aquilo havia sido causado e de que maneira.

O exercício movimentava emoções profundas, pois mostrava um coração sofrido, ferido, faminto e desidratado por não ter recebido amor o bastante. Kenneth concluiu: "Preciso de mais amor."

A terapeuta mostrou que ele atribuía todos os seus problemas ao fato de ser gay, mas na verdade eles eram consequência da falta de autoestima e do medo de ficar vulnerável no relacionamento. Os mesmos problemas poderiam ter surgido mesmo que ele fosse heterossexual.

Com a continuidade da terapia, Kenneth percebeu que o simples fato de falar de sua dor estava preenchendo as fissuras e fendas em seu coração. "Estava curando meu coração por meio da compaixão dirigida àquelas experiências e conseguindo ser mais compreensivo com o que tinha vivido."

Quanto mais ele falava e chorava, mais cheios de vida eram os desenhos do coração. O órgão estava mostrando uma nova textura; as rachaduras e rugas estavam desaparecendo e o coração se apresentava mais vivaz. Kenneth passou a sentir uma conexão com o lugar ocupado por seu espírito e aprendeu que o coração consegue se regenerar constantemente. Esse conhecimento lhe deu tranquilidade e ele afirmou:

*O espírito vive íntegro e inalterado em meu
coração gasto e rachado, mas repleto.*

Kenneth foi curando e liberando a dor de acreditar sem razão que nunca teria um parceiro que pudesse amá-lo. Agora acreditava que poderia amar muitas pessoas durante a vida, portanto, podia dedicar algum tempo a um relacionamento consigo mesmo para se amar e se cuidar, tal como gostaria de ser tratado pelo parceiro ideal. Ele afirmou o seguinte:

Meu relacionamento comigo mesmo é perfeito e amoroso.

Em uma caminhada sozinho, em uma sessão de massagem ou em uma floricultura comprando flores para si mesmo, ele relaxava no prazer de manter um bom relacionamento consigo mesmo. "Fiquei mais compreensivo e mais tolerante, e foi assim que passei a ver a questão: sabia que se quisesse o amor de um parceiro, precisava primeiro criar dentro de mim um relacionamento de amor próprio."

Kenneth finalmente conseguiu realizar sua aspiração com Dan e até hoje repete suas afirmações favoritas:

*Estou vivendo uma vida equilibrada.
Em meu relacionamento, dou e recebo amor.*

Hoje, apesar de ter muitas lições a aprender e precisar romper muitos paradigmas, ele está correndo riscos maiores. Por exemplo, no início do relacionamento, ele avisou a Dan: "Vou te fazer sofrer."

Um tanto assustado, Dan perguntou: "Do que você está falando?"

"Quando duas pessoas se amam, elas acabam partindo o coração uma da outra."

"Não acredito nisso", disse Dan. "Acredito que pessoas que se amam abrem as portas do coração uma da outra. O amor vai derrubar as portas e abrir os lugares fechados de nossos corações."

Kenneth não esperava essa resposta e nunca tinha pensado dessa maneira. Isso lhe mostrou que ele ainda guardava pensamentos negativos, e essa descoberta foi a primeira entre inúmeras dádivas que a união com Dan lhe trouxe. Ele mudou sua visão e lançou luz sobre alguns dos seus problemas. A resposta do parceiro mostrou que em lugar de sofrimento, uma abertura podia ser criada: uma crença mais amorosa e positiva sobre o amor. O relacionamento continua firme e eles continuam a expandir e curar os respectivos corações.

Os problemas de Kenneth eram causados por dúvidas sobre a própria identidade e pela falta de amor próprio, mas muitas pessoas já se lamentaram por não serem como achavam que deviam ser. Alguns homens podem sofrer pela falta de barriga "tanquinho" e muitas mulheres precisam aceitar a ausência do corpo de top model que nunca terão. Uns gostariam de ser mais altos, outros mais baixos, e alguns queriam ser de outra etnia. No fim das contas, todos precisamos sofrer as perdas causadas pelos "eu só queria..." e partir para a felicidade e a aceitação de nossa verdadeira realidade.

Vamos dedicar algum tempo a analisar esse tipo de perda.

A perda do que nunca existiu

A maioria das pessoas entende o que sentimos quando perdemos alguém ou um animal de estimação, mas existem outros tipos de perda, inclusive a relacionada com nossas vidas hipotéticas. Vamos ver um exemplo perfeito dessa situação.

Dawn se esforçou muito para curar seu câncer. Esse esforço incluiu medicina oriental e diversos tipos de tratamento complementar. Ela participou de um grupo de apoio e disse estar curada, mas ainda se sentia terrivelmente triste. "As notícias sobre meu tratamento são ótimas, então por que me sinto tão triste?", se perguntava.

Durante o tratamento, Dawn não reservou tempo para sofrer. E o que se perde quando se tem câncer? Muitas coisas. Por exemplo, a vida livre de câncer que Dawn esperava ter se revelou irreal. Ela precisava manifestar a tristeza por essa perda. As seguintes afirmações teriam ajudado:

Eu me permito sentir toda a minha tristeza.
Toda vivência me fortalece.

Alguns pacientes com câncer foram beneficiados quando fizeram afirmações sobre a perda, além das afirmações de cura. A condição "normal" que eles conheciam desapareceu para sempre, mas eles podem conseguir uma nova normalidade:

Faço justiça à vida que eu pensei que teria
e abraço a nova vida que virá.

Como tantas outras pessoas, Dawn acreditava na invencibilidade do próprio corpo e pensava que nada de mal podia lhe acontecer, mas a doença bateu à sua porta. Sua afirmação poderia ser:

*Sou responsável por minha saúde, mas não
tenho culpa de ter ficado doente.*

Ela estava irritada porque seu corpo não avisou que alguma coisa ia mal. Portanto, ela precisava perdoar a "traição" do corpo:

*Eu perdoo meu corpo.
Eu amo meu corpo.*

Ideais pouco realistas e pouco saudáveis

Também podemos sofrer por não conseguir o companheiro perfeito que imaginávamos encontrar. Às vezes ficamos tão focados na espera do homem ou da mulher ideal para fazer parte de nossa vida que um dia acordamos e vemos que a maior parte dela passou em branco. Isso pode causar tristeza e depressão, cuja causa é difícil de identificar. Não percebemos que a depressão é uma forma de luto. Precisamos chorar a perda da pessoa que não apareceu e da vida que nunca aconteceu. O lado positivo da situação é que ao sentir a dor dessa perda, talvez pela primeira vez na vida enfim seja possível entregar-se plenamente ao momento presente.

Em uma oficina de cura do luto, Deirdre afirmou: "Quando finalmente entendi o que sentia, não conseguia parar de chorar. Era tão triste constatar que 'ele' não veio. No entanto, depois de chorar, senti um alívio imenso ao perceber que a busca tinha terminado. Podia dedicar o resto da minha vida a mim mesma."

O parceiro perfeito pode ou não surgir, mas isso não é importante, porque aceitar a realidade e viver plenamente a própria vida traz uma nova liberdade.

Outro tipo de luto que pode exigir um processo de cura é o sucesso profissional que desejávamos, mas nunca alcançamos. Você achava que seria uma bailarina famosa, um escritor premiado ou uma estrela de cinema, mas nada disso se concretizou. É claro que a decepção parece imensa, mas precisamos aceitar nosso destino e aproveitar a vida. Você pode jogar fora toda uma existência sofrendo porque sua grande chance não aconteceu (o que vai fazê-lo se sentir fracassado eternamente), ou pode perceber que sua carreira é apenas uma das expressões de quem você é. Podemos dançar, mesmo sem plateia. Você pode ter o prazer de escrever, mesmo que seja apenas para o deleite de um grupo de escritores amadores. Pode interpretar um personagem pelo puro prazer de fazê-lo, mesmo que não tenha um Globo de Ouro na estante.

Quando estamos assistindo a um filme e a trama toma um rumo inesperado, não nos levantamos e começamos a gritar nossa fúria para a tela porque o filme não seguiu a direção que queríamos. O mesmo acontece com seu luto invisível. A vida é um filme cuja trama evolui constantemente à nossa revelia. Assim como você não se levantaria para xingar a tela do cinema, não se levante no meio da vida para xingar o que está acontecendo. Sinta o momento, sofra as perdas que vierem e não adicione negatividade a essa mistura. Você verá que a dor da perda tem um poder incrível de curar e nos confortar por todas as expectativas que não foram atendidas.

• • •

Existem tantas perdas quantos são os tipos de ligação e apego que podemos sentir. Quando começamos a entender que a perda é real, podemos iniciar o processo da cura. Neste capítulo falamos sobre várias perdas visíveis e invisíveis, mas talvez você conheça outras que não mencionamos. Seja qual for a expectativa frustrada, sempre é preciso respeitá-la.

Todas as minhas perdas merecem ser curadas.
O sofrimento vai curar todas as minhas perdas.

Quer você tenha perdido uma pessoa ou um bem, quer tenha perdido uma vida que não se realizou como você queria, a cura é sempre possível. Quando você sentir toda a intensidade dessa dor e conseguir curá-la, deixando de lado as expectativas, pela primeira vez se encontrará vivendo de fato o momento presente.

7
VOCÊ *PODE* CURAR SEU CORAÇÃO

Este capítulo final está aqui para lembrar-lhe de que a vida sempre busca a direção da cura. Todo mundo tem dentro de si áreas carentes de desenvolvimento que imploram nossa atenção e desejam ser curadas. Elas podem se manifestar como críticas, traições, separações ou qualquer um dos milhões de desafios que enfrentamos.

A cura só nos exige disposição e uma mente aberta, porque a vida nos ama. Se ao perder algo ou alguém aceitarmos qualquer intuição que nos venha, estaremos no caminho certo. Caso contrário, a vida nos trará as lições necessárias para encontrarmos a cura. Mesmo que interpretemos essas lições como uma forma de punição, elas são apenas parte da vida.

Abandonando a crítica e o ressentimento

Penny já estava em Hollywood havia três anos e tinha certeza de que um dia seria famosa. Ela era de uma cidade pequena em Iowa e se mudara para a Califórnia aos 23 anos para estudar teatro. Já tinha conseguido pequenos papéis, mas estava à espera da grande chance.

Sua amiga Cindy conseguiu para ela um emprego em um serviço de bufê. O trabalho era perfeito porque permitia que ela tirasse licença quando conseguisse um papel maior ou pedisse uma semana de folga se fosse convidada a fazer um comercial. Trabalhar em um bufê também lhe trouxe uma chance inesperada: observar momentos da vida de estranhos. Ela atendeu até mesmo algumas estrelas de cinema e sempre contava histórias sobre a ocasião em que ela e Cindy trabalharam em uma festa de Elizabeth Taylor e a atriz foi extremamente simpática com todo mundo. Cindy decidiu que depois de famosa também faria o possível para ser simpática com todos.

No serviço de bufê, ela também trabalhou para alguns milionários e até mesmo bilionários. Certa noite, as duas estavam atendendo uma família chamada Grossman. Penny não sabia como aquela família se tornara rica, mas era claro que não tinha sido por meio de qualquer talento artístico.

A sala de estar da casa era tão grande que poderia servir como pista de pouso para jatinhos; dentro dela havia uma cascata. Eles tinham mais quartos e banheiros do que Penny conseguia contar. Cindy comentou que as obras de arte da sala de estar valiam mais dinheiro do que as duas conseguiriam juntar durante toda a vida. No entanto, Penny ficou ofendida por tamanha opulência. Ela fez vários comentários negativos ao longo da noite e ficou feliz quando o serviço terminou.

Quando conseguiu um papel de garçonete em uma série de televisão bastante popular, Penny ficou empolgada. Ela passou muitos dias ensaiando suas duas falas do papel ("O que vocês gostariam de pedir? A salada do chef está ótima."). Experimentou um tom sério, um tom cômico e até mesmo um sotaque sulista.

Tudo correu bem, mas duas falas em um papel de garçonete não constroem uma carreira. Durante dez anos ela interpretou a vizinha, a vendedora, a garçonete e a faxineira. Enquanto isso, continuava a ganhar a vida trabalhando no serviço de bufê. Cindy deixou o emprego e o sonho do estrelato e foi trabalhar como corretora de imóveis, mas as duas continuaram boas amigas.

O tempo passou e agora Penny concorria pelos mesmos papéis com mulheres mais jovens e achou que seios grandes poderiam ser uma vantagem, portanto começou a guardar dinheiro para colocar próteses de silicone. Ela procurou um médico que lhe recomendaram e a primeira coisa que ele fez foi um exame de mama. O médico estava conversando agradavelmente com ela, com uma voz encorajadora, mas de repente ficou sério.

"Você sabia que tem um nódulo no seio?", perguntou ele. "Toque aqui. Há quanto tempo esse caroço está aí?"

Penny ficou espantada. "Não faço ideia, não sei como não percebi esse caroço antes."

"É por isso que os nódulos são perigosos, não são fáceis de perceber."

Quando o médico lhe disse que ela precisava procurar um oncologista, Penny respondeu que não tinha plano de saúde.

"De qualquer maneira, marque uma consulta e diga que não tem cobertura. Existem muitos programas que ajudam a pagar o tratamento."

Quando telefonou para a clínica e disse à recepcionista que não tinha plano de saúde, foi informada de que às terças-feiras o mesmo oncologista atendia pacientes na clínica Grossman.

Penny ficou aliviada quando descobriu que essa clínica contava com diversos programas que ajudariam a cobrir suas despesas do tratamento. Então, recebeu a terrível notícia de que tinha câncer de mama e precisava fazer uma mastectomia. Contudo, para seu alívio, soube que a fundação de prevenção de câncer também pagaria os custos da cirurgia.

Apesar de ter resolvido as questões práticas, Penny entrou em uma crise de depressão que durou algum tempo. Mesmo depois de saber que a fundação também pagaria a reconstrução das mamas, ela não conseguiu superar a tristeza. Como tantos pacientes com câncer acabam por perceber, seria preciso passar pela dor de perder uma vida que deixou de existir. Nunca mais a vida seria isenta de câncer. Depois disso, tudo é diferente do que você esperava, mas ainda se pode ter uma vida maravilhosa.

Muita gente se esquece de dar tempo ao tempo para superar esses tipos de perda. Para uns o que se perdeu foi a inocência; para outros, foi a saúde; outros ainda precisam aceitar que problemas acontecem. Como tanta gente, Penny precisou aprender que mesmo com uma vida longa à frente, precisava passar pelo processo de luto.

Um dia depois da cirurgia a instrutora de ioga de Penny foi visitá-la na clínica de oncologia para conversar sobre alguns desses conceitos. Ela aconselhou: "Penny, você precisa chorar plenamente a perda da vida passada e receber a existência que virá. Esse momento pode ser uma importante transição e você deve abandonar todos os ressentimentos, pensamentos inferiores e críticas. Tem que perdoar e começar uma nova vida sem toda essa bagagem."

"Eu não julgo ninguém nem guardo ressentimentos."

Sabiamente, a professora de ioga respondeu: "Perfeito! Dizer ao Universo que você não tem ressentimentos nem críticas vai trazer à tona o que você tiver nesse sentido, para que a cura se processe. É ótimo que você esteja disposta a mudar."

Depois disso, Penny começou a questionar o que ela poderia estar criticando e que lições precisaria aprender. No dia seguinte, Cindy foi buscá-la no hospital e ajudá-la a se instalar de volta em casa. Enquanto andava pelo quarto guardando as roupas e objetos da amiga, Cindy perguntou: "Não é engraçado? A família que você tanto detestava, os Grossman, mantém a fundação e a clínica que salvaram sua vida."

Penny levou um susto. Ela não percebera a relação entre a família de bilionários e a clínica de oncologia. "Meu Deus, Cindy! Como não vi a ligação? Naquele tempo não me passava pela cabeça que eles pudessem contribuir para uma instituição beneficente ou doar dinheiro para alguém. Agora vejo que aprovava sem restrições as estrelas de cinema e criticava todas as outras pessoas."

Essa constatação marcou um recomeço para Penny, pois detectou muitas atitudes suas que precisavam ser mudadas.

Muitas vezes esquecemos que o sofrimento é um promotor de transformações. Toda doença representa uma mudança. Algumas afirmações muito úteis nessas situações seriam:

No mundo há virtudes invisíveis.
Aceito todas as lições que a vida me traz.

Entendendo o sentido de uma perda

Já mencionamos que a Dra. Elizabeth Kübler-Ross identificou cinco estágios do luto: *negação, raiva, negociação, depressão e aceitação*. Posteriormente, um sexto estágio foi proposto:

descobrir um significado depois da aceitação. Às vezes, quando vamos até o fundo do sofrimento, descobrimos ao lado da cura um significado profundo.

A história de Gail Bowden nos vem à mente porque um de seus filhos, Branden, nasceu com espinha bífida, uma má formação congênita da coluna vertebral, mas a mãe estava decidida a dar ao filho condições de ter uma vida maravilhosa. A infância de Branden foi muito feliz. Ele adorava a cor amarela e mais tarde ficou tão apaixonado por Fuscas que reuniu uma coleção de miniaturas deles.

Um dia, quando Branden tinha 17 anos, Gail entrou no quarto dele e o encontrou inconsciente. Imediatamente, ela levou o filho para o hospital e recebeu do médico a notícia terrível de que ele nunca mais recuperaria a consciência. Ela perguntou se não havia qualquer dúvida sobre a questão. Então pediu uma caneta e escreveu: "Quando chegar a hora, vamos doar os órgãos de Branden." A enfermeira leu a anotação, olhou para Gail, segurou-lhe a mão e disse que ainda não estava na hora de falar sobre doação de órgãos. Gail, porém, respondeu: "Talvez eu nunca mais consiga dizer essas palavras, mas quero que vocês façam de tudo para que meu desejo seja atendido."

Seu pensamento era: *Não acredito que isso esteja acontecendo, mas se os médicos não podem salvá-lo, que Branden salve outras vidas*. Ela foi para a sala de cirurgia quando desligaram os aparelhos e cantou "Amazing Grace" enquanto esperava o coração do filho parar de bater. Gail fez o possível para aceitar a perda e continuar a ver o futuro com otimismo e esperança. Houve dias em que o sol brilhava com tanta intensidade que um dos colegas de escola de Branden chegou a dizer que seu brilho era Branden sorrindo para eles.

Alguns anos depois, quando Bryan, o irmão de Branden, estava para prestar serviço militar, a família se mudou para um novo apartamento. Gail estava abrindo caixas quando bateram à porta. Ela havia pedido a uma firma de manutenção que na semana seguinte mandasse alguém para pintar o apartamento de amarelo. O homem à porta explicou que era o pintor, Ken.

"Você está adiantado uma semana", informou Gail.

"Como cancelaram um trabalho nessa área, a empresa me mandou para cá."

"Bom, a mudança ainda está dentro das caixas. Eu queria arrumar tudo antes de você vir, mas já que está aqui, pode começar a pintura."

Ken começou a pintar, enquanto Gail continuava a esvaziar as caixas e arrumar os objetos. Então o pintor perguntou se ela morava sozinha. Ela respondeu: "Meu filho Bryan está no campo de treinamento de recrutas. Ele se alistou na escola de reservistas da Força Aérea."

"Você tem quem lhe faça companhia quando ele não está? Tem outros filhos?"

Não era a primeira vez que Gail encarava essas perguntas constrangedoras. Às vezes ela contava toda a história de Branden, mas, outras vezes apenas respondia: "Somos só eu e Bryan". Dessa vez, no entanto, as perguntas pegaram-na desprevenida. Ela ficou parada, sem saber o que dizer. Respondeu apenas: "Eu tinha outro filho chamado Branden, mas ele morreu com 17 anos."

"Meu Deus, sou um idiota, sempre falo demais. Desculpe a pergunta indiscreta."

"Tudo bem." Ele continuou a pintar, mas depois de alguns minutos comentou: "Lamento saber que seu filho morreu. Eu sei o que é ficar muito doente. Há quatro anos eu quase morri e tive de fazer diálise, mas salvaram minha vida com um transplante de rim."

"Quando você fez o transplante?"

"Em 2008", respondeu Ken.

"Quando em 2008?"

"Fevereiro."

"Que dia de fevereiro?"

"No dia 13, nunca vou esquecer a data."

"Branden morreu no dia 12 de fevereiro."

"Ah, não, não foi a mesma pessoa", afirmou Ken imediatamente. "Meu doador foi um garoto de 21 anos que morreu em um acidente de carro."

"Ah, bem", respondeu Gail, voltando a arrumar a mudança enquanto Ken continuava a pintar.

Depois de algum tempo, Gail precisou sair e deixou Ken sozinho no apartamento com uma parede pintada de amarelo. Quando voltou, ele estava de pé no mesmo lugar, sem ter feito nenhum progresso.

"Algum problema?", perguntou Gail.

"Eu menti para você."

"Você não é pintor?"

"Não, não é isso. Eu tenho um rim de Branden."

"O quê?!"

"Quando você me disse que seu filho se chamava Branden e que seu nome é Gail, na mesma hora me lembrei de ter recebido um bilhete seu depois do transplante. Eles me disseram que eu podia responder, mas fiquei com vergonha e nunca escrevi."

Abalada, Gail imediatamente telefonou para a clínica de transplante. Ela pediu para falar com o orientador psicológico e perguntou: "Eu contratei um pintor e ele me disse que recebeu o rim do meu filho. Como posso saber se é verdade?"

"Caramba, a probabilidade de acontecer uma coisa dessas é quase nula, mas me diga o nome dele."

Gail perguntou o nome completo do pintor e passou a informação para o orientador. Ele abriu o arquivo confidencial e confirmou: um dos rins de Branden realmente fora transplantado para Ken. Gail começou a chorar e o pintor perguntou: "Eu recebi mesmo o rim dele, não é?"

Quando Bryan telefonou para a mãe e soube o que acontecera, disse: "Mãe, é como se o Branden tivesse voltado para casa."

A história de Gail é ótimo exemplo do modo como o Universo opera. Nós acreditamos piamente na afirmação *A vida nos ama*, mesmo que você não veja a relação entre essa ideia e a sua perda. Como mencionamos, não queremos que você deixe de vivenciar a perda. Contudo, dependendo de como você nutrir sua perda, percebê-la e pensar sobre ela, a vida pode ajudá-lo e até mesmo envolvê-lo com amor na fase mais difícil desse processo.

Gail, por exemplo, aceitou a morte trágica do filho, mas decidiu que ele continuaria a viver. Quantas pessoas dizem que seus amados continuaram a viver depois da morte? Precisamos lembrar que a vida não pode morrer; as almas não morrem. No caso de Branden, parte do corpo físico também não morreu. Gail decidiu que o filho continuaria a viver salvando a vida de outros. Graças a ele, duas pessoas podem enxergar e oito passaram a ter mais mobilidade e menos dor porque receberam transplantes de seus órgãos. Esse fato é ainda mais importante para Gail porque Branden passou a vida toda em uma cadeira de rodas!

Mais tarde, quando conheceu a mulher e os filhos de Ken, Gail percebeu como as crianças precisaram dele quando ele pensou que ia morrer. Ela ficou feliz por conhecer uma família que enfrentou todas aquelas dificuldades e conseguiu superá-las. A vida de Ken não foi a única a ser drasticamente afetada: as vidas da mulher e dos filhos dele também foram beneficiadas.

Você pode pensar que Gail provavelmente vivia em uma cidade pequena e que o fato de Ken ser mandado para pintar a casa dela foi mera coincidência. Porém pense no seguinte: ela poderia ter optado por pintar a sala pessoalmente e jamais conhecer aquele pintor ou poderia ter contratado outra empresa. Ken poderia ter se apresentado na data marcada e Gail não estaria à disposição para conversar com ele porque já teria arrumado a mudança.

Você ainda pode argumentar que tudo isso não passou de uma sucessão de coincidências.

O fato é que Gail mora no estado de Nova York, na cidade de Buffalo, onde 18 mil pintores estão em atividade! A probabilidade de que ela contratasse Ken é de 0,008%. Mesmo quando sofremos perdas, a vida pode nos dar presentes inesperados, se estivermos dispostos a recebê-los.

Ao aceitar a perda, Gail conseguiu elaborar o sofrimento e encontrar um significado mais profundo na vida e na morte do filho. Essa jornada de cura ajuda a determinar como será o restante de sua vida e lhe permite honrar permanentemente a vida de Branden.

* * *

A vida tem um significado próprio. Muitas vezes ela não segue o caminho que esperamos, mas tem um ritmo todo seu. Ela dá muitas voltas que talvez abalem nossa paz de espírito. Traz transformações e desafios inesperados. Quando nos dispomos a sentir a dor dessas mudanças, aceitar a perda e elaborar o luto, aprendemos a maior verdade sobre a vida: *aconteça o que acontecer, você pode curar seu coração.*

Epílogo

Quando pensamos na questão da perda, a ideia de encontrar significado ou auferir qualquer benefício parece contraditória. No entanto, em situações como uma separação, um divórcio ou mesmo uma morte, podemos ganhar se soubermos como lidar com nossos pensamentos. Não se trata de evitar a perda; trata-se de saber que nossos pensamentos mudam tudo o que vem depois dela.

O luto diz respeito ao coração e à alma. Sinta sua perda, receba-a e fique algum tempo com ela. O sofrimento é opcional. Lembre-se de que você chega a este mundo no meio do filme e também parte no meio do filme; o mesmo acontece com as pessoas que você ama. No entanto, o amor não morre e o espírito desconhece as perdas.

Como os pensamentos definem a experiência de perder, por que não procurar intencionalmente vivenciar o luto com ternura e amor? Lembre-se de que um coração partido é um coração aberto.

Deixe seus pensamentos manifestarem esperança para sua tristeza. Escolha os pensamentos com sabedoria. Trate-se com carinho e reflita sobre a perda com amor. Se você estiver chorando pela morte de uma pessoa amada, recorde o amor que tinha por ela quando ela estava aqui; saiba que você pode manter esse amor, apesar da ausência de quem você amava. É possível superar o luto e encontrar a paz.

Todo fim marca um recomeço. Propomos que você use as afirmações e os ensinamentos deste livro não só para elaborar uma perda, mas também para lidar com outros aspectos de sua vida. Preste atenção no que pensa e promova mudanças de atitude nas áreas em que não sente paz. Com isso você conseguirá trazer mais felicidade para sua vida e para a vida de todos ao seu redor.

Os tempos difíceis também servem para nos mostrar que nossos relacionamentos são uma dádiva. A perda nos lembra que a própria vida é uma dádiva.

Não se esqueça de ter amor próprio. Você merece. *Você* é uma dádiva.

Amo a vida e a vida me ama.
Vivi e amei.
Estou curado.

Agradecimentos

Somos muito gratos a todos os homens e mulheres que ao longo dos anos compartilharam conosco suas vidas em nossas palestras e debates, em conversas e por intermédio de um número incalculável de e-mails. Ao divulgar suas decepções, perdas e sofrimentos, esperamos ajudar outras pessoas a aprender e crescer graças a essas experiências difíceis e delicadas.

Reid Tracy merece um agradecimento especial pelo carinho e cuidado com este livro. Agradecemos também a Shannon Littrell pela edição tão competente. Muito obrigado a todos os colegas da Hay House, que com incrível dedicação ajudaram a fazer o melhor deste livro.

Tal como uma pessoa, um livro precisa de muito apoio. Agradecemos a Erin Malone, da WME; a Andrea Cagan; a Paul Denniston; a Richard Kessler; a David Kessler Jr. e a India Williamson.

Este livro foi composto na tipologia Warnock Pro Light,
em corpo 11/16, impresso em papel off-white
no Sistema Cameron da Divisão Gráfica
da Distribuidora Record.